Das Spiralschneider Low Carb Kochbuch:

Gesunde Low Carb Rezepte für den Spiralschneider

Paula Krings

Inhaltsverzeichnis

Einleitung

Spiralschneider Low Carb Kochbücher zählen mit zu den meist gekauften Büchern rund um eine gesunde Ernährung. Spiralschneider sind das ideale Werkzeug, um schöne Spaghetti oder Gemüsespiralen in der eigenen Küche herzustellen. Im Low Carb Kochbuch finden Sie hierzu zahlreiche Anregungen und natürlich auch ganz tolle und leckere Rezeptideen. Im Prinzip spielt es bei der Anschaffung von diesen Küchengeräten keine Rolle, ob man sich Low Carb ernährt, vegan, vegetarisch oder einfach nur großen Wert auf eine gesunde Mischkost legt. Fest steht auf jeden Fall, dass das Spiralschneider Low Carb Kochbuch in keinem Haushalt fehlen sollte. Kochbücher sind ja sowieso eine erstklassige Alternative, wenn es um neue Ideen und kulinarische Inspirationen geht.

Selbstverständlich findet man auch im Internet jede Menge Informationen um so gut wie alle Themen. Allerdings bringt das Spiralschneider Low Carb Kochbuch eine wirklich sehr gute Einführung, nicht nur in die Welt des Spiralschneidens, sondern auch in Hinsicht einer gesunden Ernährung. Wer sich über längere Zeit Low Carb ernährt hat mit Sicherheit schon festgestellt, dass irgendwann auch die besten Ideen ausgehen, um den täglichen Speiseplan etwas abwechslungsreicher zu gestalten. Mit den passenden Rezepten aus dem Spiralschneider Kochbuch ist dies allerdings überhaupt kein Problem mehr. Hobbyköche finden hier ausgefallene Kreationen für ganz spezielle Anlässe, sowie natürlich auch wirklich einfache Rezepte, die sich problemlos nachkochen lassen.

Was es genau mit dem beliebten Gemüseschneider auf sich hat, erfahren Sie in den nächsten Kapiteln.

1. Was ist überhaupt ein Spiralschneider?

Ein Spiralschneider ist ein ganz toller und vor allem sehr praktischer Gemüseschneider, der in keinem Haushalt fehlen sollte. Sie sind ideal, um damit festes Obst oder Gemüse dekorativ zu schneiden. Es gibt sie in elektrischer Ausführung, sowie auch Modelle, die per Hand funktionieren. Selbstverständlich kann man auch mit einem scharfen Messer oder mit einem Sparschäler dem Gemüse eine schöne Form geben. Allerdings ist hierzu dann auch etwas mehr als nur eine geschickte Hand und Erfahrung notwendig.

Spiralschneider sind in allen möglichen Formen und Größen erhältlich. Die Schneider, die manuell bedient werden müssen, arbeiten im Prinzip wie ein Bleistiftspitzer. Sie sind im Verhältnis zu größeren Modellen preiswert und eignen sich deshalb sehr gut für Personen, die noch nie mit so einem Gerät gearbeitet haben. Die Spiralschneider mit einer Kurbel sind in der Regel etwas größer und deshalb auch meistens etwas teurer als die manuell bedienbaren Spiralschneider. Die Bedienung von diesen Geräten ist aber auch viel komfortabler und vor allem wirklich sehr einfach. Es lassen sich damit auch ohne großen Aufwand ein Kilogramm von hartem Gemüse bearbeiten.

Spiralschneider eignen sich für die Verarbeitung von Kartoffeln, Karotten, Rettiche, Kohlrabi, Rote Beete, Gurken und Zwiebeln. Aber auch für Käse, Wurst und Obst sind sie eine erstklassige Schneideoption. Bei weichem oder besonders faserigen Schneidematerial sind die meisten Spiralschneider allerdings nicht geeignet, da sie das Gemüse in Püree verarbeiten und nicht in schöne Scheiben, Ringe oder in die beliebten Spaghettinudeln. Bei vielen Spiralschneidern kann man zusätzlich noch die gewünschte Schnittgröße einstellen. Ansonsten gibt es auch Schneidemaschinen, die mit mehreren Klingenaufsätzen angeboten werden.

Auf was ist beim Kauf von einem Spiralschneider zu achten?

Beim Kauf eines geeigneten Gemüseschneiders ist auf mehrere Faktoren zu achten. Wichtig ist in erster Linie die Standfestigkeit, sowie auch die vorhandenen Optionen in Hinsicht auf die Reinigung. Ideal ist, wenn der Spiralschneider mit Saug- oder Gummifüßen ausgestattet ist, damit er einen sicheren Stand garantiert. Dies ist vor allem für Geräte mit Kurbelantrieb ein wichtiger Faktor, damit der Spiralschneider einen festen und sicheren Stand bei der Bearbeitung hat. Dadurch wird auch die Verletzungsgefahr beim arbeiten reduziert.

In Bezug auf die Reinigung von einem Spiralschneider ist es ratsam, dass man diesen einfach und problemlos in seine Einzelteile zerlegen kann. Damit lassen sich die Messer oder die benützten Klingeneinsätze besser in der Spülmaschine reinigen oder natürlich auch unter dem Wasserhahn mit fließendem Wasser. Ansonsten ist es bei den manuellen Spiralschneidern ausreichend, wenn man die Klingen mit einer Bürste von vorhandenen Resten befreien kann.

Was das Verarbeitungsmaterial angeht, so stehen auch hier mehrere Alternativen für den Kauf zur Verfügung. Geräte aus Kunststoffgehäusen gehen natürlich auch viel schneller kaputt als die Spiralschneider aus Edelstahl. Allerdings spielt hier natürlich auch der Preis eine bedeutende Rolle. Wichtig ist, dass die Messer und die vorhandenen Klingen auch wirklich sehr scharf und dass diese aus stabilen und rostfreiem Edelstahl sind. In diesem Fall sind sie dann natürlich auch besonders langlebig und müssen nicht dauernd ausgetauscht werden. Was die Ergonomie angeht, so sollte der Spiralschneider gegebenenfalls auch von Linkshändern problemlos bedient werden können.

Ein Restehalter ist praktisch, damit die Finger nicht unter die scharfen Messer kommen. Damit kann dann auch das letzte Gemüsestück noch aufgespießt werden. Ist bei dem ausgewählten Gerät kein Restehalter dabei, dann sollte man sich schon vor dem Kauf nach einem passenden Auffangbehälter umsehen. Ansonsten ist bei vielen Spiralschneidern ein Auffangbecher oder Behälter mit im Lieferumfang inbegriffen.

Was kostet ein Spiralschneider?

Ein Spiralschneider muss überhaupt nicht teuer sein, so dass der Preis keine Ausrede für die Anschaffung sein sollte. Es gibt sie bereits ab 5 Euro. Legt man allerdings Wert auf eine gute Qualität, dann ist mit Preisen bis zu 50 Euro zu rechnen. Die Kosten unterscheiden sich selbstverständlich je nach Verarbeitung, Ausstattung und Hersteller. Es ist klar, dass bei den ganz billigen Spiralschneidern auch eine größere Gefahr besteht, dass die eigenen Finger unter die scharfen Messer oder Klingen kommen. Die Verletzungsgefahr ist deshalb beim Gebrauch dieser Modelle viel größer.

Es muss jeder selbst wissen, wie viel Geld man in einen Spiralschneider investieren möchte, da es hier nicht um Verkaufsargumente geht, sondern um die Vorteile von diesem Gerät für Low Carb Gerichte. Mit einem Spiralschneider kommen vor allem ernährungsbewusste Menschen voll auf ihre Kosten, da sich mit diesen praktischen Küchengeräten ganz tolle Spaghetti aus unterschiedlichen Gemüsesorten zubereiten lassen. Aber auch für Suppen, Salate, Pfannengerichte und Aufläufe ist das spiralförmige Gemüse eine herrliche und vor allem sehr dekorative Alternative. Dank der wirklich einfachen Handhabung sind Spiralschneider heute nicht mehr aus der modernen Küche wegzudenken.

Wie funktionieren die Spiralschneider?

Die Funktionalität ist natürlich davon abhängig, für welches Küchengerät man sich letztendlich entscheidet. Mit den **Triangle Spiralschneidern**, die zu der Gruppe der **Handspiralschneider** zählen, kann man Gemüsespiralen herstellen, was im Prinzip wie Bleistiftspitzen funktioniert. Das Gemüse wird hierzu einfach nur in die vorhandene Öffnung gesteckt. Dann wird am Gemüse gedreht und leicht gegen die Klinge gedrückt. In der Regel sind die Triangle Spiralschneider aus robustem Kunststoff und mit hochwertigen Klingen ausgestattet.

Sie sind leicht zu handhaben und sind auch Spülmaschinenfest. Das Preisleistungsverhältnis dieser Geräte ist natürlich sehr gut, allerdings passen auch nicht alle Gemüsesorten in diesen Küchenschneider. Das Gemüse muss deshalb in vielen Fällen erst einmal zugeschnitten werden, damit es in die Öffnung passt. Dadurch lassen sich dann allerdings auch nur kurze Spiralen herstellen. Ein Klingenschutz ist bei den Triangle Spiralschneidern nicht vorhanden, dafür werden sie aber auch wirklich sehr günstig angeboten. Sie sind ideal, wenn man diesen Spiralschneider nur gelegentlich benutzen möchte. Ansonsten findet man unter den Handspiralschneidern auch ähnliche Modelle, wie die herkömmlichen Gemüsehobel, sowie natürlich auch kompaktere Spiralschneider, mit denen man selbstverständlich dann noch viel mehr Optionen zum Schneiden von Obst und Gemüse hat.

Viele Spiralschneider sind aber auch so richtig gute **Multischneider**, da sie auch breiteres Schnittgut optimal bearbeiten, weshalb sich solche Geräte sehr vielseitig einsetzen lassen. Sie sind in Edelstahl und auch in Kunststoff erhältlich, mit austauschbaren Messereinsätzen. Bei den meisten Multischneidern handelt es sich um **Spiralschneider mit Kurbeln**, die extrem leicht zu handhaben sind. Mit solchen multifunktionellen Spiralschneidern ist dann natürlich auch Käse oder Wurst sehr leicht zu schneiden, wenn es sich dabei um feste Sorten handelt. Ob man mit den Spiralschneidern nur Spiralen oder Spaghetti machen kann, hängt vom ausgewählten Modell ab. Wer sich für ein einfaches Gerät entscheidet, hat meistens nur begrenzte Möglichkeiten, was übrigens auch auf die Breite der Nudeln oder Spiralen zutrifft.

Spiralschneider werden mit Garantie angeboten. Bei den Geräten die über austauschbare Aufsätze und Messer verfügen, kann man die Ersatzteile austauschen, was bei hochwertigen Klingen allerdings nicht unbedingt notwendig ist, da sie wirklich sehr lange halten. Erwähnenswert ist allerdings, dass Rote Beete und auch die Möhren ziemlich stark abfärben. Bei hellen Spiralschneidern kann dies natürlich die Optik deutlich beeinträchtigen. Wer sich für ein Kunststoffprodukt entscheidet, sollte deshalb lieber auf dunkle Farben achten und sich nicht gerade für ein cremefarbenes Modell entscheiden. Ansonsten sind natürlich so gut wie alle Geräte für die Reinigung in der Spülmaschine geeignet.

Egal für welchen Spiralschneider Sie sich letztendlich entscheiden werden, fest steht auf jeden Fall, dass Sie mit dem Spiralschneider Low Carb Kochbuch in der Küche mehr als nur großen Spaß haben werden, da der Kreativität damit überhaupt keine Grenzen gesetzt sind.

Das Spiralschneider Low Carb Kochbuch bietet eine hervorragende Einführung rund um eine gesunde Ernährung. Es geht dabei also nicht nur um schön geschnittenes Gemüse oder um eine Low Carb Ernährung. Das Spiralschneider Low Carb Kochbuch bietet Rezepte für ein abwechslungsreiches Frühstück, ein genussvolles Mittagessen und selbstverständlich auch ganz leckere Optionen zum Abendessen an. Natürlich sind auch zahlreiche Rezepte für gesunde Snacks und Salate enthalten. Mit dem Low Carb Rezeptbuch lernen auch Anfänger, wie sie sich gesund und vor allem kalorienarm ernähren können. Das Buch ist also auch zum Abnehmen hervorragend geeignet.

Diäten sind ja anscheinend der aktuellste Trend, allerdings lassen sich die meisten wirklich schwer in die Praxis umsetzten, vor allem dann, wenn man eine gestresste Hausfrau mit Kindern oder den ganzen Tag auf der Arbeit ist. Es ist in diesem Fall sehr schwer, spezielle Rezepte auf die Schnelle zu suchen, die ein vollwertiger und wohlschmeckender Ersatz für Pommes oder die heißgeliebten Nudeln sind. Das Spiralschneider Low Carb Kochbuch bringt endlich wieder Schwung in die einseitige Ernährung und durch die zahlreichen Dekorationsmöglichkeiten macht es sogar den Kindern Spaß, jetzt wieder mehr Gemüse zu essen.

Besonders praktisch ist natürlich auch, dass das Spiralschneider Low Carb Kochbuch außer speziellen Rezepten für alle Arten von Gemüsenudeln auch noch Rezepte für die ketogene Diät beinhaltet, die Paleo Diät, Low Carb, sowie jede Menge vegane und vegetarische Gerichte. Mit so einer großen Auswahl ist es dann natürlich ganz verständlich, dass es beim Essen nie mehr langweilig wird und das auch die Kinder von den bunten und leckeren Gemüsegerichten begeistert sein werden. Wer von den Nährstoffen in den Lebensmitteln überhaupt keine Ahnung hat, kann übrigens auch in dieser Hinsicht mit dem Spiralschneider Low Carb Kochbuch profitieren.

2. Was bedeutet Low Carb?

Die Low Carb Diät zählt mit zu den beliebtesten Ernährungstrends. Dabei handelt es sich um eine Diät, bei der vorwiegend auf Kohlenhydrate verzichtet wird. Low bedeutet eigentlich nichts anderes als wenig und Carb ist die englische Kurzform für Kohlenhydrate. Bevor wir allerdings etwas Näher auf die Low Carb Ernährung eingehen, ist es erst einmal notwendig, die Kohlenhydrate genauer zu beschreiben.

Kohlenhydrate in der Nahrung sind für unseren Organismus wichtige Energielieferanten. Für das Gehirn und Muskeln sind die Zuckermoleküle ein schnell funktionierender Treibstoff. Kohlenhydrate kennt man auch unter dem Namen Saccharide, zu dieser Nahrungsgruppe zählen vorwiegend Zucker und auch Stärken.

Monosaccharide die in der Umgangssprache auch Einfachzucker genannt werden, sind Traubenzucker, Schleimzucker (Galaktose) und auch der Fruchtzucker. Einfachzucker ist beispielsweise in Obst enthalten, sowie auch in Getränken.

Bei den **Disaccharide**n handelt es sich um Zweifachzucker. Hierzu zählen die Laktose oder Milchzucker, der Kristallzucker und auch der Malzzucker. Es handelt sich dabei also um wasserlösliche Zucker. Auch Rohrzucker und Rübenzucker sind Disaccharide, da es sich dabei um unseren herkömmlichen Haushaltszucker handelt. Zu dieser Gruppe zählen beispielsweise auch das Malzbier, sowie Milch und Milchprodukte, da in den meisten Milchprodukten ebenfalls Milchzucker enthalten ist. Frei von Laktose sind Sojaprodukte, Reismilch und Nussmilch, also Milch aus pflanzlichen Quellen.

Polysaccharide sind Vielfachzucker und nur sehr schwer in Wasser löslich. Ihr Geschmack ist neutral, was bei den anderen Zuckerformen nicht der Fall ist, da diese süß sind. Daraus wird ersichtlich, dass Kohlenhydrate nicht unbedingt einen süßen Geschmack haben müssen.

Vielfachzucker sind Cellulose, Chitin, Pektin, Glykogen und Stärke. Vielfachzucker ist in den meisten Lebensmitteln enthalten, die bei uns eigentlich täglich zum Essen auf den Tisch kommen. Typische Beispiele sind Kartoffeln, Reis, Teigwaren, Getreide, Vollkornprodukte, Hülsenfrüchte, sowie auch Obst und Gemüse.

Monosaccharide und auch Disacchariden gehen im Vergleich zu den Polysacchariden schneller ins Blut, weshalb der Blutzuckerspiegel dadurch auch viel rascher ansteigt. Da diese Zuckerarten schnell im Körper verwerten werden, liefern sie natürlich dementsprechend sehr schnell Energie. Der Nachteil dabei ist, dass der Blutzuckerspiegel aber nicht lange anhält, sondern auch schnell wieder sinkt. Dadurch entstehen auch die typischen Heißhungerattacken. Das Sättigungsgefühl bei solchen Kohlenhydraten hält einfach nicht lange genug an.

Die unterschiedlichen Zuckerarten der Kohlenhydrate sind deshalb so wichtig, da sie verschiedene Funktionen haben. Im Prinzip sind sie uns als Energielieferant in Form von Traubenzucker nützlich. Wird die Energie allerdings in Form von Disacchariden oder Vielfachzucker eingenommen, dann ist unser Organismus bei der Verdauung auf verschiedene Enzyme angewiesen. Enzyme sind bestimmte Eiweißstoffe die für notwendige Aufgaben verantwortlich sind, wie beispielsweise das Verändern von Nährstoffen, damit diese im Körper auch wirklich von Nutzen sind. Wie lange es dauert, bis die durch die Nahrung aufgenommene Energie unserem Körper zur Verfügung steht, ist davon abhängig, aus wie vielen Molekülen sich die Kohlenhydrate zusammensetzen, weshalb auch oft die Rede von langkettigen und kurzkettigen Kohlenhydraten die Rede ist.

Energie benötigt unser Körper allerdings nicht nur für schwere körperliche Tätigkeiten. Auch für ganz normale Funktionen wie beispielsweise der Herzschlag, die Atmung oder für den Stoffwechsel, ist unser Organismus auf Energie angewiesen. Selbst im Schlaf haben wir sogar noch einen Energieverbrauch. Die in den Nahrungsmitteln enthaltene Energie wird in Kilokalorien oder in Kilojoule ausgedrückt.

In allen Lebensmitteln sind Nährstoffe enthalten, egal ob sie pflanzlichen Ursprung haben oder von Tieren abstammen. Die wichtigsten Nährstoffe sind Eiweiß (Proteine), Kohlenhydrate und Fette. Sie werden Makro Nährstoffe genannt. In unserem Verdauungstrakt werden diese lebensnotwendigen Nährstoffe erst einmal aufgespalten, bevor sie dann über das Blut weitertransportiert werden und unseren Körperzellen zur weiteren Verwertung zur Verfügung stehen. Mikro Nährstoffe sind übrigens Vitamine und Mineralstoffe.

Eine Low Carb Ernährung setzt hauptsächlich auf Lebensmittel, in denen nur wenig Kohlenhydrate enthalten sind. Es ist nicht gesund, sich komplett ohne diesen Makro Nährstoff zu ernähren, da selbstverständlich auch auf eine ausreichende Zufuhr von Mineralien und Vitaminen geachtet werden muss, damit es zu keinen Mangelerscheinungen kommt. Fest steht allerdings auch, dass wir uns in unserer Evolution von viel weniger Kohlenhydraten ernährten, als aktuell. Zu den negativen Kohlenhydraten zählen deshalb Fast Food, Schokolade, Bonbons, Kuchen, Gebäck und auch die typischen Snacks bei einem Fernsehabend. Bei einer Low Carb Ernährung wird aber auch auf Brot, Kartoffeln und Nudeln verzichtet. Dies ist auch mit der Grund, warum das Spiralschneider Low Carb Kochbuch so großen Erfolg hat. Zu den bekanntesten Low Carb Diäten zählen übrigens der New York Body Plan (David Kirsch), die Logi und die Dr. Atkins Diät, die South Beach Diät, sowie auch die Scarsdale Diät, um hier nur einige Beispiele zu nennen.

Die im Essen fehlenden Kohlenhydrate bei Low Carb werden durch eiweißreiche Lebensmittel ausgeglichen. Dadurch werden auch viel mehr Kalorien für die Energiegewinnung verbraucht, als bei den gewohnten Kohlenhydraten. Unser Körper ist sogar in der Lage, Kohlenhydrate selbst herzustellen, im Prinzip sind wir deshalb im Vergleich zu Proteinen und Fett, auch nicht unbedingt darauf angewiesen. Wenn wir kohlenhydrathaltige Lebensmittel deutlich reduzieren, dann kann unser Körper viel mehr Fett verbrennen, da sich der Stoffwechsel umstellen muss.

Die Vorteile bei Low Carb sind zumindest in den ersten Wochen ein großer und nachhaltiger Gewichtsverlust ohne dabei zu Hungern. Eiweißhaltige Nahrung sättigt viel besser und vor allem auch länger, als wenn man sich vorwiegend von Kohlenhydraten ernährt. Grund dafür ist, dass das Eiweiß erst einmal zu Aminosäuren zerlegt werden muss, welche den Blutzuckerspiegel nicht in die Höhe treiben. Positiv ist natürlich auch, dass bei Low Carb die Muskelmasse nicht angegriffen wird. Die jeweiligen Mengen von Proteinen, Fetten und Kohlenhydraten sind abhängig, welche Diät man machen möchte. Ansonsten kann man sich natürlich auch ohne eine spezielle Diät gesund ernähren, indem man einfach die typischen Dickmacher reduziert und mehr Gemüse konsumiert. Die meisten Low Carb Diäten sehen drei Hauptmahlzeiten vor, sowie auch zwei Snacks täglich. Hungern ist also nicht der Fall, wenn man damit abnehmen möchte.

Viele Menschen sind der Meinung, dass man bei Low Carb auf sehr viele Lebensmittel verzichten muss. Verboten sind beispielsweise paniertes oder mariniertes Fleisch, Frikadellen, kohlenhydrathaltige Wurstsorten wie Blutwurst, Zwiebelwurst oder Bierwurst, panierter Fisch und Fischstäbchen, Reis, Pommes, Kartoffeln, Weizennudeln, sowie auch einige Gemüsesorten wie Erbsen, Mais und Süßkartoffeln. In Hinsicht auf Obst enthalten Bananen viele Kohlenhydrate, Birnen, Weintrauben und auch die getrockneten Früchte. Weißbrot, Gebäck und Brötchen zählen ebenfalls mit zu den verbotenen Lebensmitteln bei einer Low Carb Ernährung. Nicht geeignet sind auch Weizenmehl, Maismehl, Ketchup, Honig und süße Brotaufstriche. Bei den Getränken sollte man auf Softdrinks, Alkohol, Kakao und auf normale Limogetränke verzichten.

Erlaubte Lebensmittel bei Low Carb

Es gibt wirklich eine sehr große Anzahl von kohlenhydratarmen Lebensmittel, so dass man sich zum Glück nicht nur gesund, sondern auch sehr abwechslungsreich ernähren kann. Empfehlenswert ist, dass man zum Abendessen allerdings keine Kohlenhydrate mehr zu sich nimmt, zumindest dann, wenn man mit dieser Ernährungsform effizient abnehmen möchte.

Fisch, Fleisch, Geflügel und Wurst

Diese Lebensmittel sind bei Low Carb sehr empfehlenswert, solange sie nicht paniert oder mariniert sind. Ansonsten kann man für die Panade auch spezielle Low Carb Rezepte verwenden. In Hinsicht auf Fleisch geht alles, also Kalbfleisch, Schweinefleisch, Rindfleisch und Wild. Frühstücksfleisch mit Zuckerzusatz ist allerdings tabu. Auch bei Fisch gibt es außer den oben aufgeführten Beispielen und den Schlemmerfilets im Prinzip keine Ausnahmen. Was die Wurst angeht, so eignet sich magerer Bierschinken, Schinkenwurst und Schinken, Leberwurst, Teewurst, Mettwurst und auch Salami.

Milch, Milchprodukte, Käse und Eier

Bei dieser Lebensmittelgruppe sollten fertige Fruchtjoghurts und Kuhmilch möglichst vermieden werden. Ideal für Low Carb sind Buttermilch, Sojamilch und Mandelmilch, Sour Creme, Quark, Kefir, Sahne und griechischer Joghurt. Selbstverständlich muss es sich bei diesen Lebensmitteln auch um ungesüßte Produkte handeln. Was Käse betrifft, so ist hier eigentlich alles erlaubt, bis auf den Schmelzkäse. Eier sind in allen Varianten empfehlenswert.

Brot und Mehl

In Hinsicht auf Brot gibt es spezielle Low Carb Brote und Eiweißbrot fertig zu kaufen. Selbstverständlich kann man auch selber sein Low Carb Brot oder Brötchen backen. Obwohl Vollkornbrot im Prinzip NICHT Low Carb ist, kann eine Scheibe davon zum Frühstück durchaus empfehlenswert sein, da es den Organismus mit wichtigen Ballaststoffen versorgt. Low Carb Mehlsorten sind Sojamehl, Mandelmehl, Johannisbrotkernmehl, Kokosnussmehl, Haselnussmehl, Walnussmehl, sowie auch Lupinenmehl. Die Mischverhältnisse sind allerdings unterschiedlich im Vergleich zum verbotenen Weizenmehl.

Öl und Gewürze

Beim Öl wird auf Sonnenblumenöl verzichtet und dafür lieber Rapsöl, Olivenöl, Hanföl oder Kürbiskernöl verwendet. Auch Macadamiaöl oder Haselnussöl sind geeignete Lebensmittel für Low Carb. Was Gewürze angeht, so ist Senf erlaubt, die vollfette Mayonnaise, zuckerfreier Ketchup und natürlich auch die üblichen Küchengewürze, solange in diesen Produkten kein Zusatzzucker enthalten ist.

Süßes und Brotaufstriche

Zum Süßen der Speisen oder Getränke eignen sich Stevia oder Birkenzucker. Honig, Ahornsiurp und auch natürliche Süßstoffe sind tabu. Als Brotaufstrich sind zuckerfreie Erdnussbutter erlaubt, Cashewemus und selbstverständlich auch das Mandelmus. Nutella und andere süße Varianten sind ein No Go bei Low Carb. Aber auch hier gibt es geeignete Rezepte, wie man seinen Lieblingsbrotaufstrich in einer Low Carb Variante zubereiten kann.

B*eilagen*

Low Carb Beilagen sind Salate, Gemüsesorten mit wenig Kohlenhydrate (auf die wir später noch genauer eingehen werden), Soja und Tofu, Shirataki Nudeln und natürlich auch die Gemüsenudeln, die man mit dem Spiralschneider perfekt hinbekommt. Daraus wird ersichtlich, dass man also auch nicht auf die geliebten Nudeln bei einer Low

Carb Ernährung verzichten muss. Aus was sie hergestellt werden können, zeigen wir Ihnen dann in einem separaten Kapitel mit passenden Rezeptideen.

Sicherlich haben Sie sich bei diesem Kapitel mehrmals die Frage gestellt, was das Alles überhaupt mit dem Spiralschneider zu tun hat, oder nicht? Wenn Sie mit dem praktischen Küchengerät Gemüsenudeln oder andere Varianten herstellen möchten, dann müssen Sie ja schließlich auch wissen, mit welchen Lebensmitteln diese für eine Low Carb Ernährung kombinierbar sind.

3. Kohlenhydrate in Obst und Gemüse

Die im Obst und Gemüse enthaltenen Kohlenhydrate spielen bei Low Carb eine wichtige Rolle, denn der beste Spiralschneider wird uns nicht viel nützen, wenn wir die falschen Sorten davon auswählen und dabei auf eine kohlenhydratarme Ernährung Wert legen.

Die im Obst enthaltenen Kohlenhydrate:

100 Gramm Obst	enthaltene Kohlenhydrate
Acerola	03,5
Ananas	11,5
Äpfel	11,0
Aprikosen	09,0
Bananen	20,0
Birnen	11,0
Brombeeren	05,0
Clementinen	09,5
Cranberry	05,0
Datteln	60,0
Erdbeeren	07,0
Feigen	12,0
Grapefruit	06,0
Hagebutten	16,0

Heidelbeeren	06,0
Honigmelonen	11,0
Kiwi	08,0
Limetten	08,7
Litschi	16,0
Mandarinen	10,0
Mango	13,0
Orangen	10,0
Papaya	08,0
Passionsfrucht	14,0
Pfirsiche	09,0
Pflaumen	12,0
Preiselbeeren	05,0
Rosinen	75,0
Rote Johannisbeeren	05,4
Sauerkirschen	09,0
Schwarze Johannisbeeren	06,3
Stachelbeeren	08,0
Süßkirschen	14,0
Wassermelone	06,0
Weintrauben	14,0
Zitronen	03,0

Bis zu 10 Kohlenhydrate im Obst sind in der Regel bei einer Low Carb Diät unbedenklich. Anhand dieser Tabelle wird deutlich ersichtlich, warum Beeren die absoluten Favoriten bei den Obstsorten sind.

Die im Gemüse enthaltenen Kohlenhydrate:

100 Gramm Gemüse	enthaltene Kohlenhydrate
Artischocken	02,9
Aubergine	03,0
Bambussprossen	01,0
Blaukraut	04,0
Blumenkohl	02,0
Brokkoli	02,9
Champignons	00,8
Cherrytomaten	03,5
Chicoree	02,0
Chinakohl	00,8
Endiviensalat	03,4
Eisbergsalat	00,7
Feldsalat	00,8
Fenchel	02,8
Gelber Paprika	05,0
Grüne Bohnen	05,0
Grüne Erbsen	11,0

Grüner Paprika	02,8
Grüner Spargel	02,8
Grünkohl	02,7
Gurken	02,0
Ingwer	13,0
Kaisergemüse	03,3
Karotten	04,7
Kartoffeln	16,0
Kichererbsen	45,0
Kidneybohnen	40,0
Knoblauch	27,0
Kohlrabi	04,0
Kopfsalat	01,0
Kürbis	05,2
Lauch (Porree)	03,0
Linsen	40,0
Mais	16,0
Mangold	01,0
Maniok	36,0
Mischgemüse	10,7
Pastinaken	12,0
Radieschen	02,0

Rettich	02,2
Rosenkohl	04,4
Rote Beete	08,8
Roter Paprika	06,2
Rucola	01,9
Sauerkraut	00,8
Schalotten	02,0
Schwarze Bohnen	44,0
Schwarzwurzel	01,8
Spargel	02,0
Sojabohne	10,1
Sojasprossen	04,9
Spinat	02,0
Spitzkohl	02,8
Stangensellerie	02,0
Steckrüben	06,0
Süßkartoffeln	26,3
Tomaten	04,0
Topinambur	17,0
Weiße Bohnen	16,0
Weißkohl	05,0
Wirsing	02,0

Zucchini	02,0
Zwiebeln	06,0

4. Wie werden Gemüsenudeln gemacht?

Den Spiralschneider haben wir uns vorwiegend für Gemüsegerichte zugelegt. Anhand der oben aufgeführten Gemüsetabelle wird ersichtlich, wie viele Kohlenhydrate in den einzelnen Gemüsesorten (oder Obstsorten) enthalten sind. Selbstverständlich sind auch nicht alle Sorten für Gemüsenudeln geeignet, aber bei Low Carb spielen natürlich auch die Soßen oder andere Beilagen für die Low Carb Nudelgerichte eine wichtige Rolle.

Gemüsenudeln sind auch unter dem Namen Zoodles bekannt. Sie schmecken ausgezeichnet und sind vor allem abends eine ausgezeichnete Low Carb Alternative, da sie zwar gut satt machen, aber man fühlt sich nicht so voll, wie bei den herkömmlichen Weizennudeln. Zoodles lassen sich sehr gut mit allen Arten von Soßen kombinieren, also auch wie Spaghetti Bolognese.

Für die Gemüsenudeln eignen sich Zucchini mit am Besten, daher stammt übrigens auch der Name Zoodles, da es sich um eine Abkürzung von Zucchini und Nudeln (auf Englisch Noodles) handelt. Ansonsten kann man natürlich seine Zoodles auch aus Rote Beete, Karotten, Blumenkohl, Kürbis und Brokkoli herstellen. Es kommt dabei natürlich auch auf das ausgewählte Küchengerät an, da sich Blumenkohl oder Brokkoli nicht mit jedem Spiralschneider bearbeiten lässt. Übrigens kann man auch Nudeln aus Obst wie beispielsweise aus Äpfel oder Birnen machen.

Der Spiralschneider gibt den Gemüsenudeln eine ganz besonders tolle Form, die sich von Spaghetti fast nicht unterscheiden lassen. Ansonsten kann man natürlich auch ein Messer oder einen Sparschäler dazu benützen, wobei die Handhabung allerdings deutlich aufwendiger ist, als mit dem praktischen Spiralschneider. Die Zoodles haben fast keine Kohlenhydrate und man kann sie warm oder selbstverständlich auch kalt genießen. Werden die Gemüsenudeln gekocht, dann dauert das überhaupt nicht so lange, wie bei den „normalen“ Nudeln, da sie nur einen sehr kurzen Garpunkt haben. Ansonsten lassen sich Gemüsenudeln auch im Ofen oder in einer Pfanne schnell warm machen.

Ob man die Zucchini schält oder nicht, ist jedem selbst überlassen, in geschälter Form sind sie allerdings den normalen Nudeln viel ähnlicher. Für die weitere Bearbeitung ist es notwendig, erst einmal die Enden von diesem Gemüse abzuschneiden, bevor der Spiralschneider den Zoodels die gewünschte Form gibt. Beim Einkauf ist auf die Größe der Zucchini zu achten, damit sie auch problemlos in den Spiralschneider passen. Mit einem kompakten Gemüseschneider ist dieses Problem allerdings hinfällig. Wenn Sie die Zoodles erst einmal probieren möchten bevor Sie sich einen Spiralschneider kaufen, dann können Sie selbstverständlich Ihre Nudeln auch mit einem Messer oder mit einem Sparschäler in Pasta verwandeln. Hierzu werden die Zucchini der Länge nach geviertelt, bevor sie in schmale Streifen geschnitten werden.

Die Zucchini Nudeln werden in roher Form meistens als Salat gegessen. Sie können sautiert, gekocht und auch in der Mikrowelle erst einmal erhitzt werden. Dadurch werden sie zarter und sind den richtigen Nudeln deshalb viel ähnlicher. Beim rohen Verzehr sollte man allerdings unbedingt darauf achten, dass dieses Gemüse auch leider ziemlich feucht ist. Es lohnt sich gegebenenfalls, die Nudeln erst einmal abtropfen zu lassen und mit einem Küchentuch die enthaltene Feuchtigkeit zu entfernen. Ansonsten lässt sich die Feuchtigkeit auch im Backofen entziehen. Dazu werden die Gemüsenudeln auf ein ausgelegtes Backblech gegeben und leicht gesalzen. Bereits nach 20 Minuten sollte der größte Feuchtigkeitsteil dadurch entzogen sein. Erst anschließend werden die Gemüsenudeln aus Zucchini kurz in kochendes Salzwasser gegeben. Je nach ihrer Trockenzeit benötigen sie zwischen 2 und 10 Minuten. Sie dürfen nicht zerfallen, weshalb man bei der Kochzeit dabeibleiben sollte. Vor dem Servieren bitte noch gründlich abtropfen lassen.

Wer die Zoodles allerdings lieber etwas knackiger mag, sollte sie mit etwas heißem Öl sautieren. Dabei müssen sie häufig umgerührt werden, damit sie nicht zerreißen oder festkleben. Die ungefähre Zeit beträgt rund 5 Minuten. Für die Zubereitung in der Mikrowelle ist es nicht notwendig, dass die Gemüsenudeln vollständig trocken sind. Es ist in der Regel ausreichend, wenn sie einige Minuten in einem Sieb gut abtropfen können. Es ist wichtig, dass die Zucchini-Nudeln nebeneinander in ein passendes Gefäß gelegt werden, was allerdings nicht fest verschlossen sein sollte. Auch bei einer Folie ist es ratsam, diese nur leicht anzulegen und auf keinen Fall den Behälter fest zu verschließen. Zwei Minuten sollten ausreichend sein, damit sie nicht zerfallen. Die Flüssigkeit wird selbstverständlich vor dem Servieren erst einmal abgegossen.

Im Prinzip benötigt man für die Gemüsenudeln also nur einen guten Spiralschneider, um nicht erst umständlich beim Schneiden oder Hobeln wertvolle Zeit zu verlieren. Gemüsenudeln sind ein optimaler Teigersatz, da sie kaum Kohlenhydrate enthalten. In 100 Gramm Zoodels sind 19 Kalorien enthalten und nur 2,2 Gramm Kohlenhydrate. Übrigens sind diese Low Carb Nudeln auch bei Glutenunverträglichkeit geeignet. Zoodels passen eigentlich zu alles, also auch zu selbstgemachten Pesto, Bolognese, Käsesoße und auch zu einer Pilzsoße.

5. Leckere Spiralschneider Low Carb Rezeptideen

Nudeln zählen in deutschen Haushalten mit zu den absoluten Lieblingsgerichten. Es ist deshalb auch so gut wie unmöglich, auf diese Köstlichkeiten zu verzichten. Allerdings bringen die Nudeln aus Weizen oder Hartweizengrieß auch viele Kohlenhydrate mit sich, weshalb sie in der Regel nur für kurze Zeit schön satt machen. Leider haben viele Menschen die sich „normal" ernähren, aber irgendwie auch noch ein seltsames Problem mit dem Gemüse. Die gewohnten Beilagen zum Fleischgericht oder natürlich auch die Salate, sind an und für sich auch nicht das eigentliche Problem, ganz im Gegenteil.

Viele Menschen und vorwiegend das männliche Geschlecht, verziehen meistens schon von Anfang an das Gesicht, wenn sie nur an Gemüsenudeln denken, obwohl sie die Zoodles überhaupt noch nie in ihrem Leben probiert haben. Lassen Sie sich also bitte davon nicht abhalten, denn mit den nachstehenden Rezeptideen, werden Sie nicht nur Ihre Kinder von Gemüse begeistern können, sondern sicherlich auch Ihren Ehemann, auch dann, wenn er die typische Angewohnheit hat, Gemüsegerichte mit Hühner- oder Kaninchenfutter zu vergleichen. Gemüsenudeln zu essen heißt auch noch lange nicht, dass man dadurch automatisch zu einem Veganer wird!

Sehr viele Männer haben übrigens ein komplett anderes Essverhalten als die Frauen. Sie lieben vorwiegend Fleisch, was spätestens in der Grillsaison bewiesen wird. Aber auch die Deutsche Gesellschaft für Ernährung bestätigt, dass das männliche Geschlecht im Vergleich zu den Frauen viel mehr Fleisch und Wurstwaren konsumieren, mehr Milchprodukte, Öle und auch mehr Speisefette, von Alkohol einmal komplett abgesehen. Frauen hingegen legen größeren Wert auf Gemüse und Obst. Warum Männer keine großen Gemüseesser sind, kann an den Genen liegen, da sie früher Jäger waren und sich die Frauen mehr um die Felder kümmern mussten. Auch haben viele Männer schon alleine in beruflicher Hinsicht schwerere körperliche Arbeiten auszuführen als die Frauen, weshalb sie auch einen höheren Kalorienbedarf haben.

Low Carb Nudeln aus Gemüse schmecken wirklich ausgezeichnet, wenn man den „Nudeldreh“ erst einmal heraus hat. Die Zubereitung ist im Prinzip wirklich kinderleicht und macht mit dem Spiralschneider natürlich noch doppelt so viel Spaß, da dabei auch die Optik mit ins Spiel kommt. In diesem Kapitel werden wir Ihnen die besten Rezeptideen für Ihre Gemüsenudeln vorstellen, damit Sie auch den Rest Ihrer Familie davon überzeugen können.

5.1. - Die 3 besten Spiralschneider Low Carb Rezepte für Zucchini

1) *Zucchini Spaghetti mit cremigen Pesto aus Avocado*

Zutaten für 2 Personen: 2 Zucchini, 1 Avocado, 2 EL Oliven- oder Rapsöl, 1 EL Zitronensaft, 5 Cherrytomaten, 3 EL Pinienkerne, Basilikum, Petersilie und eine halbe Knoblauchzehe. Salz und Pfeffer nach Bedarf.

Zubereitung. Mit dem Spiralschneider die Zucchini zu Spaghetti verarbeiten und kochendes Salzwasser zubereiten. In der Zwischenzeit wird das Fruchtfleisch der Avocado mit den restlichen Zutaten bis auf die Tomaten in den Mixer gegeben. Die Zucchini Spaghetti müssen ca. 2 Minuten gegart werden, bis sie bissfest sind. Anschließend bitte gut abtropfen lassen, damit das Essen nicht zu flüssig wird. Die Cherrytomaten können auf Wunsch geteilt werden, bevor sie zusammen mit den Spaghetti und dem Pesto auf den Teller kommen.

2) *Zoodles mit Korianderpesto und Huhn*

Zutaten für 2 Personen: 1 große Zucchini, 1 rote Chilischote, 5 schwarze Oliven, 1 Knoblauchzehe, 50 g Cashewkerne, 20 g frischer Ingwer, 1 Bund Koriander, 1 Bund Petersilie, 2 Hähnchenbrustfilets, Olivenöl nach Bedarf, 1 EL Zitronensaft, Salz und Pfeffer.

Zubereitung: Die Zoodels mit dem Spiralschneider zubereiten und abtropfen lassen. Für das Pesto werden die gehackten Cashewkerne kurz in der Pfanne angeröstet. Die Kräuter und der Knoblauch werden gehackt und der Ingwer geraspelt. Dann mit 1 EL Öl und dem Zitronensaft alles zusammen mixen und würzen. Die Chilischoten schneidet man in schmale Ringe und dünstet sie zusammen mit den Zoodles etwa 2 Minuten in der Pfanne bei mittlerer Hitze. Die Hähnchenfilets werden in appetitliche Streifen geschnitten, gesalzen und dann in einer anderen Pfanne mit etwas Öl gebraten. Wenn sie gar sind, wird das Pesto hinzugefügt. Die Oliven werden klein geschnitten und über den angerichteten Teller verteilt.

3) *Zucchini Spaghetti a la Bololgnese*

Zutaten für 2 Personen: 2 mittelgroße Zucchini, 250 g Rinderhack, 1 Zwiebel, 1 Knoblauchzehe, 2 Tomaten, 1 EL Olivenöl, 2 EL Tomatenmark, ½ TL Oregano, ½ TL Basilikum, ½ TL Thymian, Salz und Pfeffer.

Zubereitung: Die Zucchini mit dem Spiralschneider in Spaghetti verarbeiten und auf einem Küchentuch erst einmal abtropfen lassen. Dann das Hackfleisch mit dem Olivenöl anbraten lassen, die gehackte Zwiebel und den Knoblauch hinzufügen und würzen. Sind die Zwiebeln glänzend, dann wird das Tomatenmark hinzugefügt und alles zusammen ca. 20 Minuten lang bei schwacher Hitze gekocht. Gelegentliches Umrühren ist erforderlich. Die fertigen Zucchini Nudeln kurz in einer beschichteten Pfanne ca. 3 bis 5 Minuten lang anbraten und dann alles zusammen servieren.

5.2. - Die 3 besten Spiralschneider Low Carb Rezepte für Rote Beete

1) *Roter Spaghettisalat mit Avocados*

Zutaten für 2 Personen: 2 Rote Beete, 2 Avocados, 1 rote Zwiebel, ½ Gurke, 100 g Feldsalat, 125 g krümeligen Ziegenkäse für den Salat. 1 Zitrone, 1 Eigelb, 1 Knoblauchzehe, 2 EL Rapsöl oder Olivenöl sind für das Dressing.

Zubereitung: Mit dem Spiralschneider die geschälten Roten Beete in Spiralen schneiden. Auch die halbe Gurke kann zu Spaghetti oder zu breiten Bändern mit dem Spiralschneidegerät verarbeitet werden. Die Zwiebel wird in dünne Streifen geschnitten. Bei der Avocado wird erst einmal der Kern entfernt und dann das Fruchtfleisch mit einem Löffel herausgelöst. Es wird ebenfalls in appetitliche Streifen geschnitten. Für das Dressing die Zitrone ausgepressen und mit den restlichen Zutaten im Mixer verarbeiten. Dieser leckere Salat ist ein ganz toller optischer Blickfang, indem die Salatblätter schön gleichmäßig über den Teller verteilt und anschließend mit den Gurken bedeckt werden. Darauf kommen dann die roten Spaghetti mit den grünen Avocado Streifen. Die Zwiebel und der Ziegenkäse sind zum garnieren, bevor das Dressing über den Salat gegossen wird.

2) *Rote Beete Salat mit Forelle*

Zutaten für 2 Personen: 2 geräucherte Forellenfilets, 300 g Rote Beete, 10 g Ingwer, ½ Orange, 100 g Romanasalat (Römersalat), 1 Lauchzwiebel, 2 EL Obstessig, 1 EL Olivenöl, 1 EL Honig, Salz und Pfeffer.

Zubereitung: Die geschälten Rote Beete mit dem Spiralschneider zu Spaghetti verarbeiten und abtropfen lassen. Die Orange wird ausgepresst und mit dem fein gehackten Ingwer, dem Honig und dem Essig verrührt. Das Öl wird tröpfchenweise unter ständigen Rühren in dieses Dressing hinzugefügt. Dann mit den Gewürzen abschmecken und davon 2 EL aufheben. Der Rest von dem Dressing wird mit den Gemüsenudeln vermischt. Anschließend den Romanasalat wie gewohnt zubereiten und mit den fein geschnittenen Lauchzwiebeln mischen. Die Forellenfilets im Ofen einige Minuten backen lassen und dann alles zusammen auf dem Teller anrichten und darüber das aufgehobene Dressing verteilen.

3) *Rote Beete Nudeln mit Sahne und Speck*

Zutaten für 2 Personen: 250 g Rote Beete, 100 g Räucherspeck, 1 Zwiebel, 1 Knoblauchzehe, 100 ml Sahne, 1 EL Olivenöl, 2 TL Ajvar, 1 rote Paprika, 1 TL Petersilie, 50 g Mozzarella.

Zubereitung: Mit dem Spiralschneider die geschälten Rote Beete in dünne Nudeln drehen und gut abtropfen lassen. Dann den Paprika, die Zwiebel und den Knoblauch klein hacken und zusammen mit dem in Streifen geschnittenem Speck kurz anbraten lassen. Die Sahne mit dem Käse, Ajvar und der Petersilie verrühren und mit Salz und Pfeffer abschmecken. Dann kurz anwärmen, bis der Käse geschmolzen ist. Die Gemüsenudeln mit dem Olivenöl ca. 3 Minuten in einer Pfanne anbraten lassen und anschließend mit der Sahnesoße servieren.

5.3. - Die 3 besten Spiralschneider Low Carb Rezepte für Möhren

1) *Möhrenspaghettis mit Erdnuss-Sauce*

Zutaten für 2 Personen: 500 g Möhren, 250 g Chinakohl, 2 EL Erdnüsse, 3 EL Erdnussbutter, 1 EL Sesam, 1 EL Kokosöl, 100 ml Kokosmilch, Salz, Pfeffer, Sojasauce.

Zubereitung: Die geschälten Möhren im Spiralschneider drehen und dann den Chinakohl in feine dünne Streifen schneiden, beides dann kurz in einer geeigneten Pfanne mit dem Kokosöl kurz anbraten. Die Kokosmilch wird mit der Erdnussbutter erhitzt und mit der Sojasauce abgeschmeckt. Die Erdnüsse und auch die Sesamkörner werden angeröstet, allerdings ohne Fett. Dann die Gemüsenudeln auf dem Teller verteilen, die Sauce darüber geben und mit den Nüssen und Körnern bestreuen.

2) *Möhren Nudeln mit* Käse*sauce und Speck*

Zutaten für 2 Personen: 2 große Karotten, ½ Bund Frühlingszwiebel, ½ Bund Basilikum, ½ Knoblauchzehe, 150 g gewürfelter Speck, 150 g frischer Ziegenkäse, 1 EL Milch, Salz und Pfeffer.

Zubereitung: Die Karotten oder Möhren mit dem Spiralschneider in Nudeln formen. Dann die gewaschenen Frühlingszwiebeln in dünne Ringe schneiden, den Knoblauch klein hacken und zusammen mit den Speckwürfeln kurz anbraten lassen. In der entstandenen Flüssigkeit werden die Möhrenspaghettis angebraten bis sie richtig gar sind. Der Ziegenkäse wird mit der Milch erhitzt und mit dem gehackten Basilikum vermischt und über die Nudeln mit dem Speck verteilt.

3) *Rohe Möhrenspaghetti mit exotischer Orangen- und Mangosauce*

Zutaten für 2 Personen: 2 – 3 große Möhren, 3 Orangen, 2 reife Mango, 4 EL Sesammus, Salz und Pfeffer.

Zubereitung: Die geschälten Möhren mit einem Spiralschneider oder einem passenden Küchengerät zu Nudeln schneiden. Dann das Fruchtfleisch vom Obst herausnehmen und mit dem Sesammus im Mixer verarbeiten. Die Möhrennudeln in dieser fruchtigen Sauce dann ca. 15 Minuten vor dem Servieren schön ziehen lassen und mit den Gewürzen abschmecken.

5.4. - Die 3 besten Spiralschneider Low Carb Rezepte für Gurken

1) *Gurkenspaghetti mit Glasnudeln*

Zutaten für 2 Personen: 1 große Gurke, 1 Packung Glasnudeln, 1 Limette, 3 EL Sojasauce, Minze, Koriander und Sesam.

Zubereitung: Die Glasnudeln nach Anweisung kochen und die Gurke mit dem Spiralschneider zu Spaghetti zubereiten. Dann die Limette auspressen und die gehackte Minze zum Saft geben. Mit dem Koriander und der Sojasauce abschmecken. Die fertig gegarten Glasnudeln dann mit den Gurkennudeln vermischen und die Sauce hinzufügen. Vor dem Servieren sollte dieser Salat noch kalt gestellt werden.

2) *Gurkennudeln mit Joghurtsauce*

Zutaten für 2 Personen: 1 große Gurke, Dill, 150 g Naturjoghurt, Zitronensaft, Salz und Pfeffer.

Zubereitung: Die Gurkennudeln mit dem Spiralschneider zubereiten und dann erst einmal auf Küchenpapier abtropfen lassen. Das Joghurt mit den restlichen Zutaten vermischen und abschmecken. Dann alles zusammen vermischen und kurz kalt stellen.

3) *Griechischer Gurkensalat mit Feta*

Zutaten für 2 Personen: 1 Gurke, 1 rote Zwiebel, ½ grüner Paprika, 5 schwarze Oliven, 4 Cherrytomaten, 1 Zitrone, 50 g Feta, 1 EL Olivenöl, Salz, Pfeffer, frischer Oregano.

Zubereitung: Mit dem Spiralschneider die Gurke bearbeiten. Es ist ratsam, die Spiralen nicht zu lange zu machen oder sie gegebenenfalls in mundgerechte Stücke zu schneiden. Dann die Zwiebel und den Paprika in Scheiben schneiden. Die Tomaten und die Oliven werden geviertelt oder halbiert. Alles zusammen vermischen, die Zitrone ausdrücken und mit dem Olivenöl und dem Oregano abschmecken. Der Feta wird in kleine Stücke geschnitten und wird auf dem angerichteten Salatteller verteilt.

5.5.- Die 3 besten Spiralschneider Low Carb Rezepte für Süßkartoffeln

1) *Pommesspiralen aus Süßkartoffeln mit Dip*

Zutaten für 2 Personen: 1 große Süßkartoffel, 50 g Sour Creme, 2 EL Olivenöl, etwas Petersilie und Salz.

Zubereitung: Mit dem Spiralschneider die Süßkartoffel zu Spiralen verarbeiten und dann mit dem Öl und dem Salz bestreichen, bevor sie auf einem Backblech ausgelegt werden. Im vorgeheiztem Backofen ca. 5 bis 1o Minuten backen lassen, bis sie richtig schön knusprig sind. Serviert wird dieser leckere Low Carb Snack mit der Sour Creme und der Petersilie.

2) *Süßkartoffeln mit Mangold*

Zutaten für 2 Personen: 100 g Mangold, 2 mittelgroße Süßkartoffeln, 1 Knoblauchzehe, 2 EL Pinienkerne oder Sesam, 1 TL Zitronensaft, 2 EL Mascarpone, 1 EL Wrapsöl, Wasser, Salz, Pfeffer und Paprika.

Zubereitung: Die Kerne in einer beschichteten Pfanne kurz rösten lassen und dann kalt stellen. Die geschälten Süßkartoffeln werden mit dem Spiralschneider zu Nudeln verarbeiten. Der gewaschene und geputzte Mangold wird in Streifen geschnitten und ganz kurz mit etwas Wasser geköchelt, damit er weich wird. Anschließend den Zitronensaft mit der Mascarpone einrühren, gegebenenfalls kann noch etwas Wasser hinzugefügt werden. Der Knoblauch mit der Zwiebel wird klein gehackt und mit dem Wrapsöl gedünstet. Dann alles zusammen vermischen und darin die Nudeln aus Süßkartoffeln ca. 2 bis 3 Minuten köcheln lassen. Beim Servieren mit den gerösteten Kernen garnieren.

3) *Süßkartoffeln mit Feta und Walnüssen*

Zutaten für 2 Personen: 2 Süßkartoffeln, 100 g Feta, 100 ml Sahne, 1 Frühlingszwiebel, 4 EL Walnüsse, 1 EL Olivenöl, Muskat, Salz und Pfeffer.

Zubereitung: Die Süßkartoffeln mit dem Küchengerät erst einmal in Spiralen schneiden und anschließend die Walnüsse in einer beschichteten Pfanne rösten. Dann im Olivenöl die Nudeln aus Süßkartoffeln einige Minuten anbraten lassen, bis sie fast gar sind. Die dünn geschnittenen Frühlingszwiebeln werden ebenfalls in einer Pfanne kurz angewärmt, bevor die Sahne und der Feta hinzugefügt wird. Kurz aufkochen lassen und würzen. Anschließend die Spaghetti unter die

Soße mischen, noch einmal alles zusammen aufwärmen und mit den Nüssen dann auf dem Teller servieren.

5.6. – Die 3 besten Spiralschneider Low Carb Rezepte für Rettich und Kohlrrabi

1) *Knackiger Salat mit Apfel- und Kohlrabispiralen*

Zutaten für 2 Personen: 1 grünen Apfel, 1 Kohlrabi, 1 Handvoll Rucola, 2 EL Walnüsse, 60 g Ziegenkäse, 3 EL Olivenöl, 2 EL Weinessig, 1 EL Senf, 1 EL Honig, Salz und Pfeffer nach Bedarf.

Zubereitung: Den Apfel und den Kohlrabi mit dem Spiralschneider verarbeiten und die Spiralen mit der Rucola vermischen. Für das Dressing vermischt man das Öl mit dem Essig, Senf und dem Honig. Danach den Salat anrichten, mit dem Dressing übergießen und zum Schluss die gehackten Walnüsse und den gebröselten Ziegenkäse hinzufügen.

2) *Rettichlocken in Marinade*

Zutaten für 2 Personen: 1 großer Rettich, 1 EL Rapsöl, Schnittlauch, Dill, Essig, Salz und Pfeffer nach Bedarf.

Zubereitung: Den geschälten Rettich in große Stücke schneiden, damit er in den Spiralschneider passt. Anschließend zu dünnen Scheiben oder Streifen verarbeiten. Der Rettich wird leicht gesalzen und erst einmal 10 bis 15 Minuten stehen gelassen. Für die Marinade werden die restlichen Zutaten und die klein gehackten Kräuter vermischt. Auch die Marinade sollte einige Minuten ziehen, bevor man alles zusammen anrichtet.

3) *Bunte Gemüsespaghetti als Salat*

Zutaten für 2 Personen: 1 Rettich, 2 Kohlrabi, 1 Gurke, 1 Karotte, 1 große Zwiebel, 1 Frühlingszwiebel, 1 EL Reiswein, 1 EL Honig, 1 EL

Olivenöl, 1 Prise frisch gemahlener Ingwer, 1 TL Sojasoße.

Zubereitung: Aus dem Rettich, Kohlrabi, Gurke und der Möhre mit dem Spiralschneider die Nudeln formen und getrennt abtropfen lassen. Dann die Zwiebeln in dünne Scheiben schneiden und das Dressing aus den restlichen Zutaten herstellen. Alles zusammen vermischen und ca. 15 Minuten im Kühlschrank kalt stellen.

Mit einem guten Spiralschneider lassen sich also wirklich alle Arten von Gemüsenudeln schnell und einfach herstellen. Sie sind extrem lecker und natürlich auch sehr gesund. Die Rezepte für die Gemüsespaghetti lassen noch jede Menge Platz, für die eigene Geschmacksrichtung und Kreativität. Der Fantasie sind also in dieser Hinsicht überhaupt keine Grenzen gesetzt, denn das Ausprobieren macht mit dem Spiralschneider so richtig großen Spaß. Selbstverständlich lassen sich mit dem Spiralschneider auch schöne Obstplatten und Gerichte mit harten Früchten wie Äpfel oder Birnen herstellen. Für Orangen oder Mandarinen als Beispiel sind diese Küchengeräte allerdings nicht geeignet, da sie viel zu weich sind. Bei einer Low Carb Ernährung sollte man allerdings in Hinsicht auf die enthaltenen Kohlenhydrate in den Früchten sowieso etwas aufpassen.

Mit dem passenden Küchengerät sind aber nicht nur die leckeren Gemüsenudeln für eine Low Carb Ernährung eine Kleinigkeit, sondern auch spezielle vegane und vegetarische Rezepte, die wir Ihnen im nächsten Kapitel zeigen.

6. Vegane und vegetarische Rezeptideen

Bei einer vegetarischen Ernährung wird auf Fleisch, Geflügel und auf Fisch verzichtet. Es gibt allerdings mehrere Formen von Vegetarismus, weshalb durchaus auch alle tierischen Produkte abgelehnt werden, also auch die Eier, Milch und Honig. Zu den unterschiedlichen Formen von Vegetarismus zählen die Ovolaktovegetarier, die Laktovegetarier und die Veganer.

Ovolaktovegetarier verzehren in der Regel problemlos Eier, Milch und auch die meisten Milcherzeugnisse. Ansonsten besteht ihre Nahrung vorwiegend aus pflanzlichen Quellen, also aus viel Gemüse und auch aus Obst. Laktovegetarier hingegen lehnen Eier in ihrer Ernährung ab, aber es gibt in Hinsicht auf Milch und die Milchprodukte keine Einschränkungen. Veganer hingegen lehnen alle tierischen Quellen ab, also wirklich alle Produkte, die von Tieren stammen. Die Entscheidung für diese Ernährung hat entweder gesundheitliche Gründe, ökologische, ethische oder auch religiösen Ursprung.

Obwohl viele Menschen der Meinung sind, dass man bei einer vegetarischen oder veganen Ernährung unter Mangelerscheinungen leidet, ist das in der Regel überhaupt nicht der Fall. Es ist mittlerweile wissenschaftlich durch unzählige Studien bewiesen, dass Vegetarier viel gesünder leben und daher auch weniger krank werden. Tierische Kost wurde früher in sehr vielen Kulturen als ein Zeichen von Wohlstand angesehen, erstaunlicherweise steigen allerdings immer mehr Menschen auf eine fleischlose Ernährung um. Laut dem Vegetarierbund in Deutschland erhöht sich die Anzahl um durchschnittlich 4.000 Personen in der Woche! Man geht davon aus, dass sich also über 10 Prozent der Deutschen bereits vegetarisch ernähren.

Bei Vegetarier ist übrigens ein weitaus geringeres Krebsrisiko vorhanden, auch haben sie in der Regel viel bessere Werte in Hinsicht auf den Blutdruck, Herz- und Kreislauf-Beschwerden oder Übergewicht. Diese Aussage alleine ist es schon wert, dass man sich etwas Näher mit dieser gesunden Ernährungsweise beschäftigen sollte. Es geht hier übrigens nicht darum, Sie jetzt zu einer veganen oder vegetarischen Ernährungsweise zu überreden, sondern eher um die Wichtigkeit, sich einfach viel gesünder zu ernähren. Vegetarier fühlen sich im Vergleich zu Normalessern viel wohler und fitter. Es gibt sogar mehrere bekannte Leistungssportler, die sich rein vegetarisch ernähren. Die Lebenserwartung ist bei Vegetariern deutlich höher, auch hat diese Ernährungsweise nicht nur einen positiven Einfluss auf das körperliche Wohlbefinden, sondern auch auf die Psyche. Allerdings setzt der Vegetarismus auch das notwendige Wissen über die Nährstoffe in den Lebensmitteln voraus.

Eine vegetarische Lebensweise kann Krankheiten wie Übergewicht, Diabetes, Gicht, Neurodermitis und auch die Mobus-Crohn Krankheit positiv beeinflussen. Nicht umsonst raten die Ärzte von einem hohen Fleischkonsum schon lange ab. Wer jetzt glaubt, dass sich Vegetarier nur von Gräsern und Pflanzen ernährt, irrt sich hier allerdings gewaltig. Die meisten von ihnen essen natürlich auch Kartoffeln und Getreide, Hülsenfrüchte, pflanzliche Eiweißprodukte, Samen und Nüsse, Milchprodukte, sowie auch Snacks und Süßigkeiten. Übrigens ist auch die Schwangerschaft oder die Stillzeit kein Problem, um auf eine fleischlose Ernährung zu verzichten. Allerdings sollte in dieser Zeit unbedingt auf die Nährwerte in den Nahrungsmitteln geachtet werden, was bei einer abwechslungsreichen Ernährung in der Regel sowieso nicht notwendig ist. Auch bei älteren Menschen gibt es keine Hindernisse, um sich vegetarisch zu ernähren. Der tägliche Nährstoffbedarf kann sehr gut abgedeckt werden, wenn auf eine ausreichende Versorgung mit Vitamin D und Kalzium geachtet wird. Die fleischlose Ernährung kann bei Senioren das Risiko von chronischen Krankheiten deutlich reduzieren.

War man bis vor einigen Jahren noch der Meinung, dass Vegetarier blasse und schlechtgelaunte Menschen sind, so ist heute eigentlich genau das Gegenteil der Fall. Die meisten Vegetarier sind erfolgreiche und gesunde Menschen mit einer hohen Bildung. Der Vegetarismus geht übrigens auf Pythagoras, dem weltbekannten Philosophen zurück.

Wer sich informiert, wie die Tiere die bei uns auf den Teller kommen behandelt werden, kann mit Sicherheit die Tränen nicht mehr zurückhalten. Die meisten von ihnen werden in Massen auf sehr engen Räumen eingepfercht und dazu auch noch mit Hormonen und Antibiotika behandelt. Tiere sollten normalerweise friedlich auf der Wiese grasen, leider werden sie aber fast überall zwangsernährt und mit gentechnisch veränderten Mitteln gefüttert, die dann zuletzt in UNSEREN Mägen landen. Auch werden viele Tiere bei vollem Bewusstsein getötet und vorher noch böse misshandelt. Es ist wirklich grausam, sich so etwas anzusehen, noch dazu, wenn wir einen Hund oder eine Katze haben und uns deshalb als totale Tierliebhaber ansehen. Würde sich der Fleischkonsum noch mehr reduzieren, dann könnten davon nicht nur die Tiere, sondern auch die Umwelt und natürlich auch der Mensch, davon gleichermaßen profitieren.

Es muss jeder selbst wissen, wie er sich ernähren möchte, fest steht auf jeden Fall, dass ein erhöhter Fleischkonsum nicht empfehlenswert ist. Mit dem Spiralschneider haben wir deshalb eine ausgezeichnete Option, wieder mehr Gemüse in unseren täglichen Speiseplan zu integrieren. Falls Sie sich allerdings für eine vegane oder für eine vegetarische Ernährung interessieren, zeigen wir Ihnen hier einige Rezeptbeispiele, die Sie natürlich auch als „Fleischesser“ einmal in der Woche oder gerne auch noch öfters, zu Ihren täglichen Ernährungsplan hinzufügen können.

<u>Leckere vegetarische Rezeptideen mit dem Spiralschneider</u>

1) *Schnelle Kartoffelnester mit Feta*

Zutaten für 2 Personen: 2 große Kartoffeln, 100 g Feta, 1 EL Olivenöl und Salz.

Zubereitung: Die geschälten Kartoffeln mit dem Spiralschneider bearbeiten und lange Spiralen herstellen. Dann den Käse in Stücke schneiden und mit den Kartoffelspiralen umwickeln und ein Nest formen. Der Feta darf keinen Kontakt zum Boden haben, sondern nur zu den Kartoffeln. Dann in einer Pfanne das Olivenöl erhitzen und die Nester von allen Seiten schön knusprig braten.

2) *Zucchininudeln mit Tofu und Röstzwiebeln*

Zutaten für 2 Personen: 500 g dünne Zucchini, 175 g Räuchertofu, 1 Knoblauchzehe, 20 g Ingwer, 1 EL Sesam, 2 EL Röstzwiebeln, 2 EL Sojasoße, 3 EL Sonnenblumenöl, 1 EL Zitronensaft, Salz und Pfeffer.

Zubereitung: Die Zucchini mit dem Spiralschneider zu langen Streifen verarbeiten. Dann den Knoblauch und den Ingwer schön klein hacken und zusammen mit dem Sesam in einer Pfanne mit etwas Öl erhitzen. Den Tofu zerbröseln und hinzufügen. Dann diese Mischung mit der Sojasoße würzen und warm halten. Die Zucchinistreifen werden dann getrennt, mit dem restlichen Öl in einer Pfanne ca. 3 Minuten lang gedünstet, bis sie bissfest sind. Dann mit dem Limettensaft und den Gewürzen abgeschmeckt, bevor die Tofumischung mit den Röstzwiebeln hinzugefügt wird.

3) *Gemüsenudeln mit Kräutersauce*

Zutaten für 2 Personen: 150 g Bandnudeln, 1 Zucchini, 1 Möhre, 1 Gurke, 1 Zwiebel, 150 g Sahne, 5 schwarze Oliven, 1 EL Öl, 1 EL Soßenbinder (hell), Thymian, Petersilie, Salz und Pfeffer.

Zubereitung: Die Bandnudeln ganz normal kochen. In der Zwischenzeit mit dem Spiralschneider die Zucchini, Möhre und die Gurke in Spiralen schneiden und kurz in kochendem Salzwasser gären lassen, bis sie bissfest sind. Die klein geschnittene Zwiebel in einer Pfanne mit dem Öl erhitzen und glasig andünsten. Danach mit der Sahne ablöschen und noch einmal kurz aufkochen lassen. Dann die klein gehackten Kräuter in die Soße geben und würzen. Die Mischung dann mit dem Soßenbinder verarbeiten. Die Bandnudeln zusammen mit den

Gemüsenudeln vermengen und zu Nestern drehen. Die geviertelten Oliven und die Sahnesoße hinzugeben.

4) *Spanische Tortilla*

Zutaten für 2 Personen: 200 g Kartoffeln, 2 Eier, 100 g Zwiebeln, 2 EL Olivenöl, Salz und Pfeffer.

Zubereitung: Die geschälten Kartoffeln mit dem Spiralschneider und einer feinen Klinge schneiden. Die Zwiebel wird ebenfalls nach dem Schälen entweder spiralisiert oder in feine Scheiben geschnitten. Die Eier verquirlen und würzen. Dann das Gemüse mit dem Olivenöl in einer beschichteten Pfanne ca. 10 bis 15 Minuten lang anbraten lassen und mit den Eiern mischen. Alles zusammen in eine passende Auflaufform geben, um die Tortilla 10 Minuten im vorgeheiztem Backofen bei 175 °C zu backen. Sie kann warm und auch in kalter Form serviert werden.

5) *Thainudeln mit Chili*

Zutaten für 2 Personen: 2 Zucchini, 1 Möhre, 2 Kohlrabi, 4 Frühlingszwiebeln, 1 Chilischote, 30 g frischen Ingwer, 1 große Knoblauchzehe, 1 Zitrone, 5 EL Sojasoße, 1 EL Ahornsirup, 2 EL Sesam.

Zubereitung: Aus dem geschälten Gemüse mit dem Spiralschneider Nudeln formen und diese für ca. 10 Minuten in einem Dampfgarer zubereiten. Die Frühlingszwiebeln werden quer halbiert und in dünne Streifen geschnitten. Die Chilischote wird ebenfalls halbiert, um die Kerne zu entfernen, dann in feine Würfel schneiden. Der Knoblauch und der Ingwer müssen klein gehackt werden. Die Marinade für die Nudeln wird mit den flüssigen Zutaten zubereitet und dann mit dem Knoblauch, Ingwer und dem Zitronensaft vermischt. Beim Servieren kommt der Sesam über die Nudeln und dann erst die Chilisauce.

Bei den vegetarischen Rezeptideen sind in der Regel Parmesankäse, Eier und Milchprodukte erlaubt. Es handelt sich dabei also im Prinzip nur um Gerichte, die kein Fleisch enthalten.

<u>5 Leckere vegane Rezeptideen mit dem Spiralschneider</u>

1) *Apfelspaghetti mit Erdbeersauce*

Zutaten für 2 Personen: 3 Äpfel, 2 TL Reissirup, 2 TL Walnussöl, 30 g Agavendicksaft, 150 g Erdbeeren, Vanille und Zimt.

Zubereitung: Das Obst erst einmal waschen und dann bei den Erdbeeren den Strunk entfernen. Anschließend mit einer Prise Vanille und dem Agavensaft pürieren. Danach die Äpfel mit dem Spiralschneider oder einem feinen Messer zu dünnen Nudeln verarbeiten. Sie werden vorsichtig mit dem Reissirup und dem Walnussöl vermischt und mit etwas Zimt bestäubt, bevor die Erdbeersauce auf dem Teller hinzugefügt wird. Wer Lust hat, kann dieses leckere vegane Obstgericht auch noch zusätzlich mit geriebenen Mandeln bestreuen, so dass der Spaghetti Eindruck optisch noch zusätzlich verstärkt wird.

2) *Zoodles mit Zitronencreme*

Zutaten für 2 Personen: 2 Zucchini, 3 Möhren, 1 Zwiebel, 3 EL Olivenöl, 150 g Mandelmus, 2 TL Reissirup, 2 EL Zitronensaft, 30 g gehackte Mandeln, Basilikum, Salz und Pfeffer, 150 ml Wasser.

Zubereitung: Die Zucchini zu Nudeln verarbeiten und mit etwas Salz und dem Olivenöl marinieren. Danach die Möhren und die Zwiebel sehr klein hacken und in einer Pfanne mit etwas Öl kurz anbraten lassen. In der Zwischenzeit das Mandelmus mit dem Zitronensaft, dem Reissirup und dem Wasser vermischen und zu dem Möhrengemüse hinzufügen. Alles zusammen kurz aufkochen lassen. Den Basilikum klein hacken und zusammen mit den Zucchininudeln in die Soße geben, wo sie bei leichter Hitze 1 bis 2 Minuten noch einmal köcheln sollten, damit die Soße sämig wird. Die fertigen Zoodles anrichten und mit den Mandeln dekorieren.

3) *Kohrabispaghetti mit Tomatensoße*

Zutaten für 2 Personen: 2 Kohlrabi, 1 Zwiebel, 2 Knoblauchzehen, 2 EL Tomatenmark, 250 g Kirschtomaten, 3 EL Olivenöl, Oregano,

Kurkuma, Basilikum, Salz und Pfeffer.

Zubereitung: Die geschälten Kohlrabi mit dem Spiralschneider in Nudeln schneiden und 2 bis 3 Minuten in kochendem Salzwasser blanchieren. Danach gut abtropfen lassen und mit 1 EL Olivenöl vorsichtig vermischen, damit sie nicht auseinanderfallen. Den gehackten Knoblauch mit der gewürfelten Zwiebel mit Olivenöl in der Pfanne kurz anbraten und anschließend das Tomatenmark und den Reissirup hinzufügen. Erst danach werden die klein geschnittenen Tomaten hinzugegeben, sowie auch die Kräuter und Gewürze. Alles zusammen ca. 5 Minuten bei schwacher Hitze köcheln lassen und dann zusammen mit den Kolrabispaghetti servieren.

4) *Rote Spaghetti mit Kürbissauce*

Zutaten für 2 Personen: 800 g Rote Beete, 150 g entkernten Kürbis (Hokkaido), 1 Zwiebel, 1 gelben Paprika, 30 ml Kokosmilch (oder Hafermilch), 60 g Mandelmus, 2 EL Olivenöl, 1 EL Zitronensaft, 1 Msp. Kurkuma, 1 Msp. Curry, Salz und Wasser.

Zubereitung: Die geschälte Zwiebel fein hacken, der Paprika wird klein gewürfelt. Auch der Kürbis wird in kleine Stücke geschnitten. Dann das Gemüse mit 1 EL Olivenöl ca. 3 Minuten lang kurz anbraten, 150 ml Wasser hinzufügen und 5 Minuten lang köcheln lassen. Die Soße wird anschließend mit dem Zitronensaft und den Gewürzen püriert. Die Rote Beete schälen und dann mit der Gemüsespirale zu Nudeln verarbeiten. In gesalzenem heißem Wasser rund drei Minuten lang bissfest garen lassen und dann abgießen. Auf dem Teller mit der Kürbissauce servieren.

Bei der veganen Ernährungsform wird auf alle tierischen Produkte verzichtet, also auf Eier, tierische Milch und auch auf Käse. Wer aber auf seinen Parmesankäse zu den Nudeln nicht verzichten möchte, kann diesen auch selber mit diesem veganen Rezept herstellen.

5) *Veganer Parmesan für Gemüsenudeln*

Zutaten: 45 g Hefeflocken, 100 g Pinienkerne, 130 g Cashewkerne, 1 TL Meersalz.

Zubereitung: Alle Zutaten in den Mixer geben und klein verarbeiten, bis sie eine Parmesan ähnliche Konsistenz aufweisen.

Was essen überhaupt Veganer?

Veganer ernähren sich viel gesünder als man glaubt. Es ist allgemein bekannt, dass eine gesunde Ernährung aus viel Gemüse, Obst und nur wenig Fleisch besteht. Obwohl bei der veganen Ernährungsform auf Eier und traditionelle Milchprodukte verzichtet wird, gibt es jede Menge passende Nahrungsmittel.

Eier beispielsweise lassen sich durch pflanzliches Eiweißpulver ersetzen, zum Backen sind statt der Hühnerprodukte auch Mus, Öl oder Bananen geeignet. Als Fleischersatz eignet sich Tofu übrigens hervorragend. In der asiatischen Küche ist dieser Quark aus den Sojabohnen schon lange ein wichtiger Bestandteil, der mittlerweile auch in Deutschland immer beliebter wird. In Tofu ist sehr viel Eiweiß enthalten, er eignet sich nicht nur für Hauptmahlzeiten, sondern auch für leckere Nachspeisen, da er ziemlich geschmacksneutral ist. Ansonsten findet man in jedem Supermarkt vegane Fleischersatzprodukte, zu denen auch veganer Käse zählen, der entweder aus Seidentofu, Soja oder Hefe hergestellt wird.

In vielen Lebensmitteln ist Gelatine enthalten. Allerdings ist Gelatine auch als Geliermittel bei der veganen Ernährung tabu. Hergestellt wird diese Substanz aus der Haut, Knorpeln, Knochen und Sehnen der Nutztiere. Sie kommt nicht nur in Gummibärchen oder im Tortenguss zum Einsatz, sondern auch in vielen Milch- und Käseprodukten, in Süßspeisen und auch in vielen Getränken. Vegane Optionen als Geliermittel sind Johannisbrotkernmehl, Fruchtpektin und auch Agar.

Der Honig zum süßen lässt sich durch Agavensirup, Ahornsirup und durch Zuckerrübensirup problemlos ersetzen.

Für eine vegane Ernährung ist der Spiralschneider ideal, da sie sich aus reichlich Obst und Gemüse zusammensetzt. Aber auch Reis, Kartoffeln und Nudeln sind wichtige Kohlenhydrate, die Energie liefern. Gute Eiweißquellen sind außer den Fleischersatzprodukten auch noch die Hülsenfrüchte. Sehr viele wichtige Nährstoffe sind aber auch in Sprossen, Samen und frischen Kräutern vorhanden. Es lohnt sich also unbedingt, wenn man bei den Gewürzen immer auf frische Produkte achtet und nicht auf die getrockneten abgepackten Gewürze im Beutel.

In Hinsicht auf die Milch oder Milchprodukte, so gibt es mittlerweile sehr viele Alternativen auf pflanzlicher Basis wie Sojamilch, Nussmilch, Hafermilch, Reismilch und Dinkelmilch. Vegan bedeutet also auf keinen Fall, dass man auf Genuss verzichten muss, ganz im Gegenteil. Der Milchkonsum in Deutschland ist sowieso sehr umstritten, denn mittlerweile leiden immer mehr Menschen unter einer Laktoseintoleranz, also unter einer Unverträglichkeit vom Milchzucker. Die Milch ist im Prinzip nichts anderes als die Nahrung für Babys und kleine Kinder. Dies ist auch der Grund, warum es im Erwachsenenalter häufig zu dieser Intoleranz kommt, da wir Menschen nicht auf tierische Milch angewiesen sind. Laktase ist ein körpereigenes Enzym, damit der Zucker in der Milch gespalten wird. Ansonsten kann er von unserem Organismus nicht verwertet werden, was zu Bauchschmerzen, Blähungen und zu Magen- und Darmschmerzen führen kann. Wenn Sie selbst unter diesen Problemen leiden, dann probieren Sie doch einfach die vegane Milch wie beispielsweise Sojamilch, Kokosmilch oder Hafermilch aus, die in der Regel überhaupt keine Beschwerden verursachen und auch noch dazu sehr gut schmecken.

Mit der richtigen Auswahl der Lebensmittel lassen sich auch problemlos vegane Süßigkeiten herstellen. Bei den Lebensmitteln stehen natürlich Gemüse und Früchte an erster Stelle, aber auch Reis, Kartoffeln, Amaranth, Couscous und Quinoa sind ideal als Beilagen oder für die Zubereitung von einem Hauptgericht. Bei den Nudeln werden Gemüsenudeln bevorzugt, da sie im Vergleich zu den herkömmlichen Pastas keine Eier beinhalten. Dies ist übrigens auch mit der Grund, warum die Spiralschneider bei Veganern so beliebt sind.

Für die Zubereitung von Salaten oder auch zum Braten eignen sich Olivenöl, Rapsöl, Nussöl und auch Sesamöl. Gute Proteinquellen sind außer den oben genannten Beispielen auch Lupinen, Tempeh und Seitan. Was die angeblichen Mangelerscheinungen bei der veganen Ernährung angeht, so kann im Prinzip bei jeder Diät oder Ernährungsweise ein Mangel an Nährstoffen der Fall sein. Wer sich abwechslungsreich und gesund ernährt, wird sicherlich nicht darunter leiden müssen.

Auf jeden Fall ist der Spiralschneider oder ein Gemüseschneider für die vegane Küche unerlässlich. Es ist klar, dass man die Nudeln auch mit einem anderen Küchengerät herstellen kann, aber dies ist meist mit einem größeren Zeitaufwand verbunden. Auch die Optik spielt beim Gemüse für viele Menschen eine große Rolle, denn nicht umsonst heißt es, dass die Augen mitessen. Mit dem Spiralschneider lassen sich sehr viele harte Gemüsesorten hervorragend zu Nudeln oder Spiralen verarbeiten, die natürlich deutlich appetitlicher aussehen, als wenn man das Gemüse einfach nur mit dem Messer in Scheiben oder in ungleichmäßige Streifen schneidet.

Die erste vegane Gesellschaft wurde übrigens in England im Jahr 1944 gegründet, allerdings war die klassische Form vom Vegetarismus bereits 570 – 490 v. Chr. bekannt und von Pythagoras begründet. Auch in diesem Fall wurden keine Milch und auch keine Eier konsumiert. Wer Veganer werden möchte, sollte die Ernährung allerdings erst einmal langsam umstellen und erst schrittweise die tierischen Lebensmittel weglassen. Ansonsten ist die Umstellung sehr schwierig einzuhalten, wenn man von heute auf morgen auf die meisten gewohnten Lebensmittel verzichtet. Langfristig gesehen ist es also viel besser, wenn man den Organismus nach und nach angewöhnt, sich wieder in der Urform zu ernähren. Übrigens muss eine vegane Ernährung auch nicht viel teurer sein, als die herkömmliche, da Gemüse und Reis als Beispiel preiswerter sind, als Fleisch und viele Wurstprodukte. Wer also finanzielle Gründe angibt um sich nicht vegan zu ernähren, sollte allerdings überlegen, wie viel Geld man sparen kann, wenn man gesünder lebt und nicht mehr auf die Einnahme von zahlreichen Medikamenten angewiesen ist. Auch muss man als Veganer natürlich nicht alle Produkte in einem Reformhaus oder speziellen Bioladen kaufen, da es viele Sachen in guter Qualität auch in den meisten Supermärkten gibt, die ihr Angebot fast wöchentlich vergrößern.

Eine amerikanische Studie gibt übrigens eine interessante Auskunft darüber, dass jährlich um die 37 Tiere gerettet werden können, wenn man nur ein Jahr lang auf tierische Produkte verzichtet. Obwohl man natürlich als Einzelperson in dieser Hinsicht alleine eigentlich nicht viel ausrichten kann, um die Tiere vor dem Tod oder der Misshandlung zu retten, macht diese Rechnung auf ein halbes oder ein ganzes Leben verteilt, einen deutlichen Unterschied bei nur einer einzigen Person aus. Es kann also im Grunde wirklich jeder zumindest einen kleinen Teil dazu beitragen, dass es für Tiere und auch für die Umwelt eine bessere Welt gibt, auch dann, wenn wir nicht zu überzeugten Veganern werden, aber dafür einfach mehr Gemüse als Fleisch und tierische Produkte verzehren.

Prominente Veganer sind übrigens Alec Baldwin, Alicia Silverstone, Anne Hathaway, Ariana Grande, Barry White, Ben Stiller, Bill Clinton, Bryan Adams, Carl Lewis, Demi Moore, Johnny Deep, Martina Navratilova, Michelle Pfeiffer, Mike Tyson, Natalie Portman, Sinead O Connor, der Aktionskünstler Steve-O, Tobey Maguire und der Sänger Usher, um hier nur einige bekannte Beispiele zu nennen.

7. Rezepte für die ketonische Diät und Paleo

Auch für diese beiden Ernährungsformen ist der Spiralschneider unabkömmlich. Bevor wir Ihnen die Rezeptideen vorstellen, geben wir Ihnen allerdings noch einen kleinen Überblick über diese beiden Diäten.

Die ketonische Diät ist im Prinzip eine sehr kohlenhydratarme Ernährung, sie zählt also mit zu den Low Carb Diäten. Fett steht bei dieser Diät zusammen mit Proteinen im Mittelpunkt. Mittlerweile wissen wir ja jetzt schon, was Kohlenhydrate in unserer Ernährung bewirken, dies ist übrigens auch mit der Grund, warum wir ein komplettes Kapitel der Low Carb Ernährung gewidmet haben. Wie schon erwähnt, benötigt unser Organismus Kohlenhydrate, damit die Körperfunktionen aufrechterhalten werden. Erhält unser Körper aber weniger als 50 Gramm davon täglich, dann ist der Organismus darauf angewiesen, Fett zu Ketonkörpern umzuwandeln. Dieser Vorgang findet in der Leber statt. Die Ketonkörper oder auch Ketokörper genannt, werden von unserem Körper als Energie benötigt. Ein Insulinmangel führt übrigens zu einer erhöhten Herstellung von diesen Ketokörpern. Die notgedrungene Fettumwandlung auf Grund der fehlenden Kohlenhydrate wird Ketose genannt, dieser Zustand wird aber auch bei Hungersnot erreicht.

Sehr viele Sportler schwören auf die ketogene Diät, da sich dadurch eine maximale Fettverbrennung erreichen lässt, ohne dass dabei ein Muskelverlust auftritt, was bei anderen Diäten vorkommen kann. Die ketogene Diät wird auch als High Fat Low Carb bezeichnet, da die Ernährung zu 60 bis 75 % aus Fett besteht und nur höchstens 10 % aus Kohlenhydraten.

Verbotene Lebensmittel bei der ketogenen Diät sind:

- Alkohol
- Zuckerhaltige Produkte
- Fettarme Light- und Diätprodukte
- Fertiggerichte und Gewürzmischungen
- Obst bis auf Beeren oder kohlenhydratarme Früchte
- Hülsenfrüchte
- Wurzelgemüse und Knollen
- Industriell verarbeitetes Öl und Fett

Erlaubte Lebensmittel bei der ketogenen Diät sind:

- Kohlenhydratarmes Gemüse
- Eier
- Fetter Fisch
- Fleisch und Geflügel
- Milchprodukte
- Samen und Nüsse
- Natives Öl
- Frische Gewürze und Kräuter

Zu den geeigneten Nahrungsmittel zählen also Steaks, Schinken, Thunfisch, Sahne, fetter Käse, Leinsamen und Chiasamen, Olivenöl, Kokosöl und vorwiegend grünes Gemüse, sowie auch Avocado, Zwiebeln und Tomaten. Auf Kartoffeln und Pastinaken sollte möglichst verzichtet werden, außer es handelt sich um wirklich geringe Portionen, die nur wenige Kohlenhydrate enthalten. Wir sehen uns dann die Rezeptideen für die ketogene Diät dann auch noch etwas genauer an. Praktisch ist bei dieser Diät, dass kein Kalorienzählen erforderlich ist, um damit effizient abzunehmen. Im Vergleich zu anderen Low Carb Diäten, lässt sich damit wirklich sehr schnell abnehmen.

Ansonsten handelt es sich bei der ketogenen Diät schon lange um eine empfehlenswerte Therapie bei Patienten mit Alzheimer, Kinder mit Epilepsie oder auch bei Diabetes Typ 2. Die Insulinresistenz kann durch diese Ernährungsweise um ca. 70 Prozent gesenkt werden. Ansonsten soll angeblich diese fettreiche Diät auch positiv bei Herzkrankheiten sein. Allerdings sollte man auf jeden Fall vorher den Hausarzt konsultieren, da diese Ernährungsform auch Nachteile aufweisen kann, da eine zu fettreiche Ernährung die Gefäßablagerung unterstützen und auch Gichtanfällen bewirken kann. Die Entscheidung für diese Diät sollte also bitte nicht selbständig getroffen werden, nur um damit auf „die Schnelle" Gewicht zu verlieren.

<u>5 tolle Rezeptideen mit dem Spiralschneider für die ketogene Diät</u>

1) *Curryhähnchen mit Zoodles*

Zutaten für 2 Personen: 500 g Hähnchenbrust, 2 Zucchini, 1 Zwiebel, 1 Dose Kokosmilch, Curry, 2 EL Kokosöl, Kurkuma, Pfeffer und Salz.

Zubereitung: die Hähnchenbrust schneiden und würzen. Dann die Zwiebeln klein hacken. Mit dem Spiralschneider die Zucchini zu Nudeln verarbeiten und abtropfen lassen. Danach das Hähnchenfleisch mit den Zwiebeln kurz anbraten und die Kokosmilch dazugeben. Nach Geschmack würzen, bis die Soße eine gelbe kräftige Farbe angenommen hat. Anschließend dann die Gemüsenudeln in der Soße schwenken und kurz ziehen lassen. Sie sollen bissfest und warm sein, aber nicht gekocht.

2) *Spargelcreme Spaghetti mit Bärlauch*

Zutaten für 2 Personen: 200 g frischen Spargel, ½ Bund Bärlauch, 2 EL Frischkäse, 25 g Parmesan, 25 g Pinienkerne, 1 EL Butterschmalz, 1 EL Olivenöl, Salz und Pfeffer nach Bedarf.

Zubereitung: Den Spargel schälen und mit dem Spiralschneider zu Spaghetti formen. Die fertigen Nudeln werden dann mit dem Butterschmalz leicht von allen Seiten angebraten, bis sie weich sind, was normalerweise in zwei bis drei Minuten der Fall ist. Dann den Frischkäse dazugeben. Für das Pesto wird das Öl mit dem Bärlauch und den Pinienkernen gemixt, gegebenenfalls kann noch etwas Öl erforderlich sein. Die Spargelcreme Spaghetti dann auf dem Teller servieren, das Pesto hinzugeben und mit Parmesan bestreuen.

3) *Gurkenspiralen mit Fischtalern*

Zutaten für 2 Personen: 1 große Salatgurke, 100 g geräucherter Fisch (Forelle), 2 EL Olivenöl, 1 Ei, 100 g Frischkäse, 20 g Parmesan, ½ Bund Dill, ½ Bund Basilikum, 1 EL Zitronensaft, 2 EL Butterschmalz, Salz, Paprika und Pfeffer nach Bedarf.

Zubereitung: Die geschälte Gurke mit dem Spiralschneider zu Spiralen verarbeiten. Das Olivenöl wird mit den Kräutern vermischt und der Fisch damit mariniert. Danach wird der Fisch mit dem Ei, dem Parmesan und dem Frischkäse vermischt und zu Mouse verarbeitet. Kurz stehen lassen und dann aus dieser Mischung mit einem Esslöffel die Taler formen, die dann im Butterschmalz gebacken werden. Zum Servieren gibt man die Gurkenspiralen auf den Teller, beträufelt sie mit dem Olivenöl und Zitronensaft und gibt die Fischtaler hinzu.

4) *Eier mit Bacon im Zucchini Nest*

Zutaten für 2 Personen: 4 Eier, 4 Scheiben roher Bacon, 2 Zucchini, 45 g Parmesan, Salz und Pfeffer.

Zubereitung: Mit dem Spiralschneider die Zucchininudeln herstellen und abtropfen lassen. Dann den Speck in Streifen schneiden und kurz in der Pfanne anbraten und anschließend mit den Zucchini vermengen. Die Gemüsenudeln würzen und anschließend Nester formen, eine kleine Mulde ist ausreichend, um die rohen Eier in die Vertiefung zu geben, die dann mit Parmesan bestreut werden. Die Pfanne zudecken und bei mittlerer Hitze ca. 2 bis 3 Minuten braten lassen, damit der Boden der Nudeln knusprig wird und die Eier gut gekocht sind.

5) *Zucchinipfanne mit Shrimps*

Zutaten für 2 Personen: 2 Zucchini, 250 g frische Shrimps, 2 EL Zitronensaft, ½ Knoblauch, 2 EL Olivenöl, 45 ml lieblichen Weißwein, Salz und Pfeffer.

Zubereitung: Die Zucchini (mit oder ohne Schale) mit dem Spiralschneider in lange Streifen schneiden. Dann die küchenfertigen Shrimps zusammen mit dem gehackten Knoblauch mit dem Olivenöl einige Minuten anbraten und leicht salzen. Die Zucchininudeln werden in der Sud vom Wein und dem Zitronensaft kurz gekocht, bis sie nach ca. 2 Minuten dann bissfest sind. Dann zusammen mit den Shrimps auf dem Teller anrichten.

Selbstverständlich kann man diese Rezepte für die ketogene Diät auch beliebig mit anderen geeigneten Lebensmitteln variieren und anstatt Fisch auch Fleisch oder Geflügel verwenden. Sie dienen als Basis, um Ihnen zu zeigen, was Sie mit Ihrem Spiralschneider überhaupt alles machen können, um auch bei strikten Diäten eine willkommene Abwechslung in Ihren Ernährungsplan zu bringen.

Was ist Paleo?

Auch bei den Paleo Rezepten ist es notwendig, erst einmal näheres über diese Ernährungsform zu erfahren, um einen besseren Überblick über die erlaubten und verbotenen Nahrungsmittel zu erhalten. Paleo ist die Abkürzung von Paläolithikum, die erste Periode der Urgeschichte, also die Altsteinzeit. Schon seit einigen Jahren hat diese Diät sehr viel Interesse generiert, weshalb es mittlerweile auch unterschiedliche Varianten von Paleo gibt. Im Prinzip erinnert diese Ernährung an unsere Vorfahren, die vorwiegend Sammler und Jäger waren, denn der Hauptbestandteil sind vorwiegend unverarbeitete Lebensmittel, die sehr Nährstoffreich sind.

Paleo orientiert sich nicht fanatisch an die Altsteinzeit, da sich diese Ernährungsform selbstverständlich auf moderne Ernährungskenntnisse bezieht. Sie gilt als eine der besten Diäten zum Abnehmen, obwohl es sich dabei allerdings eher um eine langfristige Ernährungsweise handeln sollte. Paleo ist artgerecht, das bedeutet, dass hauptsächlich viel Gemüse, Obst und hochwertige Tierprodukte gegessen werden. Im Vordergrund der Steinzeiternährung steht auf jeden Fall die Qualität der Nahrung und nicht die Quantität.

Erlaubte Lebensmittel der Paleo Ernährung sind:

- Eier
- Fisch
- Fleisch
- Gemüse
- Obst
- Nüsse
- Kräuter und Gewürze

Verbotene Lebensmittel der Paleo Ernährung sind:

- Getreide
- Hülsenfrüchte
- Milchprodukte
- Zucker
- Industriell verarbeitete Produkte

Bei den Pflanzenölen wird darauf geachtet, dass diese unverändert sind, wie das beispielsweise der Fall vom Olivenöl und vom Kokosöl ist.

Getreideprodukte sind heutzutage fast nicht mehr von unserer aktuellen Ernährung wegzudenken, denn Brot, Kuchen, Kekse, Reis oder Nudeln zählen mit zu den beliebtesten Nahrungsmitteln. Obwohl Getreide vor vielen Jahren sicherlich noch sehr gesund war, sind sich heutzutage viele Wissenschaftler darüber einig, dass es sogar schädlich sein kann. Ein Zuviel davon kann nicht nur zu Übergewicht führen, sondern auch zu Reizdarm, Stoffwechselstörungen und zu anderen Zivilisationskrankheiten. Im Getreide sind übrigens auch sehr viele Kohlenhydrate enthalten:

100 g Getreide	enthaltene Kohlenhydrate
Hafer	55,7
Weizen	59,5
Roggen	60,9
Dinkel	63,2
Gerste	63,3

Mais	64,2
Hirse	68,8
Polierter Reis	77,8

Anhand dieser Liste wird deutlich ersichtlich, wie viele Kohlenhydrate im Getreide vorhanden sind. Kohlenhydrate sind zwar gute und vor allem schnelle Energiespender, aber unser Organismus kann durchaus auch ohne diesem Nährstoff auskommen. Essentielle Nährstoffe für unseren Körper sind Eiweiß und Fett. In Bezug auf die Hülsenfrüchte ist es ähnlich, frische Erbsen beispielsweise enthalten rund 22 Kohlenhydrate, Bohnen um die 20 KH. Aber bei den Hülsenfrüchten sind nicht nur die enthaltenen Kohlenhydrate daran Schuld, dass sie zu den verbotenen Lebensmitteln bei der Paleo-Ernährung zählen. Je nach Variante der Paleo Diät sind täglich bis zu 150 g Kohlenhydrate erlaubt. Der Bedarf kann in der Regel sehr gut durch Obst und Gemüse abgedeckt werden. In der Low Carb Tabelle können Sie die einzelnen Werte bequem nachvollziehen.

In Getreide und auch in Hülsenfrüchte sind Lektine enthalten. Lektine sind vereinfacht ausgedrückt Proteine, die vorwiegend in Pflanzen vorkommen. Man geht davon aus, dass sich diese Gykoproteine im Laufe der Jahre als Schutz gegen den Verzehr von Tieren entwickelt haben. Für uns Menschen sind Lektine Anti-Nährstoffe, da einige von ihnen eine toxische Wirkung haben.

Der tägliche Nährstoffbedarf kann bei der Paleo Ernährung problemlos durch die erlaubten Nahrungsmittel abgedeckt werden. Unser Körper weiß genau, wie viele Mengen er an Nahrung benötigt. Es gibt deshalb auch keine Einschränkungen bei den Mengen an Fleisch, Eiern, Fisch und beim Gemüse. Eine hervorragende Geschmacksnote wird durch die Kräuter und Gewürze erreicht, bei denen es ebenfalls keine Grenzen gibt. Was den Konsum von Obst angeht, so sollte man dabei nicht unbedingt übertreiben.

Anhand der Paleo Ernährungsweise wird ersichtlich, dass auch in diesem Fall der Spiralschneider hervorragend zum Einsatz kommt. Auch hier gilt die typische Regel, je appetitlicher das Gemüse angerichtet oder verarbeitet wird, desto mehr kommt man dabei auf den Geschmack.

Die besten 5 Rezeptideen mit dem Spiralschneider für Paleo

1) *Würzige Paleo Asiapfanne*

Zutaten für 2 Personen: 450 g Rindersteak, 2 große Zucchini, 1 Möhre, 1 in Scheiben geschnittene Zwiebel, 2 gehackte Knoblauchzehen, 3 EL Sesamöl, 1 Tasse Shitakapilze, 3 Tassen Spinat, ½ Chilischote, 2 TL geriebener Ingwer, 2 EL Apfelessig, 2 EL Honig, Salz.

Zubereitung: Das Steak in dünne Streifen schneiden und dann eine Marinade herstellen aus 1 EL Sesamöl, Knoblauch, der Chilischote, Apfelessig und dem Ingwer. Die Marinade über das Fleisch geben und mindestens sechs Stunden im Kühlschrank aufbewahren. Mit dem Spiralschneider die Nudeln aus den Zucchini und der Möhre herstellen. Auf einem ausgelegten Backblech ausbreiten und mit etwas Salz bestreuen, damit es die überflüssige Feuchtigkeit herauszieht. In der Zwischenzeit mit dem Sesamöl in einer hohen Pfanne das Fleisch braun anbraten, die übrige Flüssigkeit wird nicht benötigt. Danach die restlichen Zutaten in die Pfanne geben und zwischen 5 und 10 Minuten kochen lassen, bis das Gemüse weich ist.

2) *Paleo Spaghetti Carbonara*

Zutaten für 2 Personen: 2 Zucchini, 200 g Räucherlachs, 1 Schalotte, 200 ml Kokosmilch, 1 EL Kokosöl, frische Petersilie, Salz und Pfeffer.

Zubereitung: Die Zucchini mit dem Spiralschneider zu Spaghetti drehen. Der Räucherlachs wird in appetitliche Würfel geschnitten und die geschälte Schalotte zerkleinert. Diese dann mit dem Kokosöl in einer Pfanne andünsten und den Räucherlachs hinzufügen. Nach ca. 2 Minuten dann mit der Kokosmilch ablöschen, gegebenenfalls kann man noch etwas Pfeilwurzelmehl hinzufügen, um die Soße zu binden. Dann einfach nur die Zoodles hinzufügen, alles gut vermischen und würzen. Zum Servieren mit der Petersilie bestreuen.

3) *Paleo Apfelauflauf mit Lauch*

Zutaten für 2 Personen: 4 Äpfel, 2 Stangen Lauch, ½ Kürbis (Butternut), 6 EL Olivenöl, 3 EL Apfelessig, Salz, Pfeffer, Rosmarin.

Zubereitung: Aus den Äpfeln mit dem Spiralschneider Nudeln formen. Der Kürbis und der Lauch werden in feine Streifen geschnitten. Das Olivenöl mit dem Essig vermischen und mit dem gehackten Rosmarin und Salz und Pfeffer würzen. In einer Auflaufform die Apfelnudeln mit dem Gemüse schichten und mit der Marinade übergießen. Abgedeckt im vorgeheiztem Ofen ca. 30 Minuten lang braten lassen.

4) *Bunter Paleo Salat*

Zutaten für 2 Personen: 4 große Karotten, 1 großen Brokkoli, Eisbergsalat, 1 Orange, 1 Knoblauchzehe, 3 EL Sesam, 3 EL Olivenöl, 2 EL Apfelessig, Salz, Pfeffer, Thymian.

Zubereitung: Die Karotten mit dem Spiralschneider formen, während die Brokkoliröschen bereits in Salzwasser garen bis sie bissfest sind. Den Eisbergsalat putzen und in Streifen schneiden, der Knoblauch wird gepresst. Anschließend die geschälte Orange in kleine Stücke schneiden, aber davon ca. 3 EL aufheben. Dann die Nudeln mit den

Orangenstücken und dem Brokkoli vermischen. Für das Dressing wird der aufgehobene Orangensaft benötigt, sowie die restlichen Zutaten. Das Gemüse auf dem Teller servieren und das Dressing darüber geben.

5) *Paleo Kürbisspaghetti mit Bolognese*

Zutaten für 2 Personen: 1 Butterkürbis, 3 Knoblauchzehen, ½ kg Tomaten, 500 g Rinderhack, 1 Gemüsezwiebel, 400 g Champignons, 2 EL Kokosöl, 2 EL Balsamico Essig, 200 ml passierte Tomaten, 3 EL Basilikum, 3 EL Rosmarin, 1 EL Ingwer, Chilipulver, Oregano, Salz, Pfeffer und Thymian.

Zubereitung: Den Kürbis schälen, in Stücke schneiden und mit dem Spiralschneider zu Spaghetti verarbeiten und trocknen lassen. In der Zwischenzeit die Zwiebel und den Knoblauch klein schneiden, kurz mit Öl in der Pfanne anbraten und das Rinderhack hinzufügen. Anschließend die Tomaten und alle Gewürze dazugeben und alles zusammen aufkochen lassen. Die geputzten Champignons in dünne Scheiben schneiden und in die Sauce hinzugeben. Noch einmal kurz aufkochen lassen und dann die Kürbisspaghetti zum warm werden hinzufügen.

Es gibt also auch für die Paleo Ernährung sehr viele leckere Rezeptideen, bei denen der Spiralschneider richtig gut zum Einsatz kommt. Die Anschaffung sollte deshalb eigentlich nicht mehr in Frage gestellt werden, da es sich hierbei wirklich um ein praktisches und empfehlenswertes Küchengerät für jeden Haushalt handelt.

8. Nützliche Tipps für den Umgang mit einem Spiralschneider

Gemüse muss nicht immer nur in Scheiben oder in Würfel geschnitten werden. Bei so langweiligen Formen ist es oftmals auch kein Wunder, wenn sich viele Menschen und vor allem auch Kinder für diese Nahrung überhaupt nicht begeistern können. Mit dem passenden Gerät lassen sich unterschiedlich große und dicke Streifen herstellen, die den „echten“ Nudeln in überhaupt nichts nachstehen. Wer zum ersten Mal Gemüsenudeln isst, wird sicherlich erst einmal den Eindruck haben, dass es sich dabei um gefärbte Nudeln handelt. Allerdings braucht man dazu auch einen wirklich guten Spiralschneider, denn Gemüsestreifen kann man natürlich auch mit einem scharfen Messer oder mit einem Sparschäler herstellen.

Spiralschneider sind nicht für jedes Obst und Gemüse geeignet. Zur Auswahl stehen vorwiegend festes Gemüse und Obstsorten. Zu weiche Sorten wie beispielsweise Auberginen oder Melonen fallen mit diesem Küchengerät total auseinander. Auch bei zu saftigem Obst kommt es zu einem schmutzigen Chaos in der Küche, weshalb auf Orangen und Mandarinen zu verzichten ist. Viel Saft entsteht allerdings auch beim Schneiden von Äpfeln, Birnen, Möhren, Zucchini und von Gurken. Es ist deshalb praktisch, wenn man bei der Verarbeitung mit dem Spiralschneider immer Küchentücher zur Hand hat.

Es kann durchaus sein, dass sich einige Sorten nicht gut schneiden lassen. Grund dafür ist, dass die Stücke zu lange sind und nicht ausreichend Fläche für die Klinge vorhanden ist. In diesem Fall ist es in der Regel ausreichend, wenn man das Obst oder Gemüse halbiert oder in geeignete Stücke schneidet. Es ist übrigens auch empfehlenswert, möglichst nur gerade geformte Gemüsesorten zu kaufen, damit es zu keinen „Halbmonden“ bei der Zubereitung kommt. Auch ist es wichtig, dass die beiden Enden vom Gemüse gleichmäßig abgeschnitten werden. Sind diese unregelmäßig, dann lassen sie sich nicht besonders gut vom Spiralschneider befestigen und auch die Schnitte werden nicht mehr sauber. Übrigens lassen sich die übrig gebliebenen Gemüsekerne optimal für Suppen verwenden, es kann lohnenswert sein, diese für eine weitere Verwendung im Kühlschrank aufzuheben.

Welche Sorten eignen sich für einen Spiralschneider?

Beim Obst eignen sich Äpfel, Birnen, grüne Papayas und Kochbananen besonders gut. Die Apfelnudeln werden allerdings auch sehr schnell braun. Es ist deshalb ratsam, sie entweder mit Zitronensaft zu beträufeln oder gleich direkt zu verarbeiten. Sie brauchen übrigens nicht extra entkernt zu werden, es ist ausreichend, wenn man die Enden abschneidet. Was die Kochbananen angeht, so sollten Sie darauf achten, dass das Obst möglichst gerade ist, Papayas lassen sich übrigens auch gut schneiden, trotz dem vorhandenen Hohlraum.

In Bezug auf Gemüse sind Gurken für den Spiralschneider geeignet, Kartoffeln, Möhren, Süßkartoffeln, Kohlrabi, Kürbis, Sellerie, Rote Beete, Pastinaken, Rüben, Rettiche, Topinambawurzeln, Zwiebeln und Zucchini. Zucchinispaghetti sind den traditionellen Spaghettis sehr ähnlich. Ansonsten lassen sich auch die Strünke vom Brokkoli mit dem Spiralschneider sehr gut verarbeiten.

Gemüsenudeln werden sehr schnell gar, die Garzeit ist davon abhängig, wie fest das Gemüse ist. Die Spiralen können auch nur in die heiße Soße eingerührt, gedämpft oder kurz in der Pfanne warmgemacht werden. Ansonsten lassen sich die Zucchininudeln, Möhrenspiralen und auch die Rote Beete durchaus auch roh verzehren. Sie benötigen nur eine sehr kurze Zeit bis sie gar sind. Es lohnt sich, wenn man die Nudeln erst einmal mit einem Küchentuch vorsichtig trocknet, damit sie dann in der Soße nicht zu viel Feuchtigkeit abgeben und alles einen wässerigen Geschmack bekommt. Es kann übrigens auch ratsam sein, die Soßen nicht zu flüssig zubereiten, also lieber etwas dicker und sämiger als gewohnt.

Was die Aufbewahrung von Gemüsenudeln angeht, so halten sie sich zwar 2 Tage in einem luftdichten Behälter, aber die Spiralen können leider auch sehr schnell braun werden. Es ist empfehlenswert, wenn sie die Nudeln erst kurz vor der Verwendung zubereiten, dadurch bleiben sie auch frisch und die Nährstoffe besser enthalten.

Beim Reinigen heißt es aufpassen, da die Klingen vom Spiralschneider extrem scharf sind. Am besten ist, wenn das Gerät in die Spülmaschine passt oder wenn es mit heißem Spülwasser gesäubert wird. Die Klingen lassen sich ansonsten auch mit einer alten Zahnbürste oder einer speziellen Küchenbürste reinigen.

Ansonsten sind der Fantasie mit dem Spiralschneider keine Grenzen gesetzt, Sie werden überrascht sein, was Sie damit alles anfangen können. Auch ist es mit diesem Küchengerät wirklich viel einfacher, mehr Gemüse und Obst in den täglichen Speiseplan zu integrieren. Vor allem bei speziellen Ernährungsformen die viel Gemüse beinhalten wie Paleo oder Low Carb, ist es wichtig, auch auf die Optik zu achten, denn nicht jeder ist von einem erhöhten Gemüsekonsum begeistert. Die Spiralschneider sind ideal, wenn man sich gesundheitsbewusst ernähren möchte, denn damit lassen sich hauptsächlich auch die Kohlenhydrate und die Kalorien reduzieren, die beispielsweise in den herkömmlichen Pastagerichten enthalten sind.

Die Anschaffung sollte sich auf jeden Fall lohnen, da man nicht nur bei der Nudelherstellung sehr viel Zeit sparen kann, sondern auch bei der Kochzeit. Desweiteren kommen natürlich auch die im Gemüse enthaltenen Nährstoffe besser zum Einsatz, vom Geschmack natürlich einmal komplett abgesehen.

Die Funktionsweise der verschiedenen Spiralschneider sind im Prinzip alle gleich. Die kleinen Handgeräte sind ideal, wenn man damit schöne Garnierungen bezwecken möchte oder nur gelegentlich die Gemüsespaghetti ausprobieren möchte. Sie sind für Anfänger die beste Auswahl. Für den täglichen Gebrauch sind allerdings die größeren Geräte deutlich besser, da diese auch für schweres Wurzelgemüse geeignet sind. Sie sind in der Regel mit mehreren Wechselklingen in verschiedenen Größen ausgestattet, so dass sich damit feine und auch breitere Spiralen zubereiten lassen. Für die Herstellung von Spaghetti wird ein feiner Klingeneinsatz benötigt.

Spiralschneider wurden ursprünglich für die Gastronomie entwickelt, um damit die Teller und Buffetplatten mit Obst und Gemüse richtig schön zu dekorieren. Sie lassen sich also nicht nur für Gemüsenudeln verwenden.

Führende Hersteller für Spiralschneider sind übrigens Lurch, Maxx-World, Smartfox und GEFU. Es ist allerdings ratsam, wenn Sie sich vor dem Kauf erst einmal entsprechend über die angebotenen Küchengeräte informieren und vor allem dabei das Preis-Leistungs-Verhältnis im Auge behalten. In vielen Fällen trägt ein bekannter Markenname mit zu einem höheren Preis bei und auch ein hoher Preis ist noch lange keine Garantie, dass es sich dabei um eine ausgezeichnete Qualität handelt. Produktvergleiche können deshalb durchaus lohnenswert sein. Auch kommt es selbstverständlich darauf an, ob Sie Ihren zukünftigen Spiralschneider nur gelegentlich benützen wollen oder täglich damit Gemüse- und Obstgerichte zubereiten möchten.

Achten Sie bei der Auswahl nicht nur auf den Preis, sondern auch auf eine einfache Handhabung und Bedienung, auf die Herstellungsoptionen und auch auf die Eigenschaften in Hinsicht auf die Messer oder Klingen. Ansonsten spielt es keine Rolle, ob Sie Ihren Spiralschneider vor Ort oder über das Internet erwerben. Wichtig ist, dass der Preis stimmt und das Gerät Ihre eigenen Erwartungen erfüllt.

Laut zahlreichen Testberichten von Experten bietet beispielsweise der Lurch Spirali ein hervorragendes Preis-Leistungs-Verhältnis an, aber auch der Gefu Spirelli Schneider, der Gefu Spiralfix und der Lurch Super zählen mit zu den besten Küchengeräten für Gemüsespiralen. Die Produkte werden mit 5 Jahr Garantie angeboten. Ansonsten müssen Sie selbst entscheiden, ob Sie einem praktischen Spiralschneider mit Kurbel den Vorzug geben, einem Bleistiftspitzer ähnlichen Gemüsestreifenschneider oder einem Julienneschneider.

Bei den Spiralschneidern mit Kurbel handelt es sich meistens um die teuerste Alternative, dafür bieten solche Geräte aber auch verschiedene Messereinsätze und somit auch eine einstellbare Streifengröße. Dadurch lässt sich auch breites Gemüse besser verarbeiten. Zur Reinigung müssen die Spiralschneider mit Kurbel zerlegt werden.

Die Spiralschneider ohne Kurbel sind im Vergleich sehr preiswert. Das Gemüse wird mit der Hand gedreht und mit der integrierten Messerklinge in lange Streifen geschnitten. Es liegt auf der Hand, dass dieses Küchengerät so gut wie keinen Platz in der Küche wegnimmt. Bei diesem Gemüsestreifenschneider ist in der Regel kein weiteres Zubehör erhältlich. Ansonsten ist es im Prinzip nur für schmalere Gemüsesorten geeignet, je nach Größe und Härte, kann das Drehen übrigens auch etwas anstrengend für die Arme sein.

Der Julienneschneider ist ebenfalls sehr preiswert, er ist dem Küchenschäler sehr ähnlich. Dieses Küchengerät liegt sehr gut in der Hand und ist auch wirklich einfach zu bedienen. Nachteilig ist allerdings, dass man für das Bearbeiten im Vergleich zu den Sparschälern viel Zeit benötigt und das auch viele Reste übrig bleiben. Es ist klar, dass mit einem Julienneschneider die Streifenbreite der Gemüsenudeln nicht einstellbar ist. Aufpassen heißt es aber auch, dass man sich beim Schneiden nicht verletzt, was auch bei den Kartoffelschälern leider häufig der Fall ist.

Der Spiralschneider mit Kurbel ist ratsam, wenn Sie täglich bunte und abwechslungsreiche Gemüsespiralen herstellen möchten. In diesem Fall ist die Anschaffung durchaus lohnenswert, da sich die Breite der Gemüsestreifen durch die Messereinsätze variieren lässt. Breite Gemüsestreifen sind übrigens ideal für Pfannengerichte oder Aufläufe im Ofen. Durch den breiteren Durchmesser ist die Garzeit bei diesen Speisen etwas länger. Zum Verzieren oder für Salate und Spaghetti eignen sich die schmalen Streifen. Praktisch ist natürlich auch, wenn der Spiralschneider auch noch über eine Hobelfunktion verfügt, mit dem man dann auch noch ganz dünne Gemüse- oder Obstscheiben herstellen kann. Wer allerdings erst einmal auf den richtigen Geschmack von Gemüsenudeln kommen möchte, sollte sich für einen günstigeren Gemüseschneider entscheiden.

Die Low Carb Diäten waren übrigens mit der Grund, dass die Spiralschneider jetzt auch in den privaten Haushalten so beliebt sind. Aus der Gastronomie sind sie schon seit Jahren überhaupt nicht mehr wegzudenken. Ihnen ist es doch bestimmt auch schon persönlich passiert, dass Sie wunderschön angerichtete Gemüsearrangements in einem Restaurant sicherlich nicht mit Ihrer Gabel oder dem Messer in Unordnung bringen wollten, oder etwa nicht?

Fest steht auf jeden Fall, dass ein höherer Verzehr an Gemüse sehr viel zu Ihrer Gesundheit beitragen kann. Obwohl der Konsum in den letzten Jahren deutlich gestiegen ist, essen nur die wenigsten Menschen zwei bis drei Portionen täglich an Gemüse und Obst. Ein hoher Gemüsekonsum ist ideal für die Figur und auch ein ausgezeichneter Fitmacher. Man muss sich also nicht unbedingt an eine spezielle Diät oder Ernährungsweise halten, um gesünder zu leben. Es ist ausreichend, wenn man täglich mehr Gemüse auf den Speiseplan bringt und dafür den Konsum von Fleisch und Kohlenhydraten etwas mehr reduziert.

Die meisten Gemüsesorten bestehen zu über 70 % aus Wasser und haben bei 100 Gramm weniger als 60 Kalorien. Gemüse ist außer dem Obst die wichtigste Quelle in Hinsicht auf Vitamin C, was besonders in Petersilie, im Grünkohl und auch im Paprika enthalten ist. Aber auch bei Vitamin-B schneidet das Gemüse sehr gut ab. Diese Vitamingruppe ist im Blumenkohl enthalten, in Brokkoli, im Feldsalat und im Fenchel, sowie auch in Zucchini und in Hülsenfrüchten. Desweiteren sind im Gemüse essentielle Mineralstoffe wie Calcium, Eisen, Kalium, Magnesium und Phosphor enthalten. Sehr viele Minerale finden Sie in Hülsenfrüchten, in Mangold, im Spinat und auch in den Schwarzwurzeln.

Vitamine und Mineralstoffe	Gemüsesorten
Vitamin C	Brokkoli, Paprika, Kartoffeln, Tomaten
Vitamine B	Avocado, Erbsen, Grünkohl, Linsen, Paprika
Betacarotin	grünes, gelbes und rotes Gemüse
Calcium	grüne Gemüsesorten (Brokkoli, Spinat)
Folat	Kohlgemüse, Lauch, Spargel, Spinat
Kalium u. Magnesium	Gemüse, Hülsenfrüchte, Kartoffeln

Vitamin C ist für unseren Organismus unerlässlich, um Eisen verwerten zu können. Es trägt zur Wundheilung mit bei, schützt unser Bindegewebe und die Körperzellen und unterstützt natürlich auch unsere Abwehrkräfte. Es ist also nicht der Fall, dass nur Orangen oder Zitrusfrüchte sehr gute Vitamin C Lieferanten sind.

Vitamine B sind für unsere Haut notwendig, für die Blutbildung und Nervenfunktionen, sowie auch für den Stoffwechsel. **Betacarotin** trägt zum Sehprozess bei, zum Wachstum, Zellschutz und auch für eine bessere Haut. **Calcium** wird für unsere Zähne und Knochen benötigt, für die Blutgerinnung, sowie auch für unser Nervensystem und für die Muskelkontraktion. **Folat** ist ebenfalls sehr wichtig. Es handelt sich dabei um ein Vitamin aus der Gruppe B und ist für die Bildung der Körperzellen und der Blutzellen hilfreich. **Kalium** hat eine unterstützende Wirkung auf die Übertragung der Muskelreize und der Nerven, es ist wichtig für den Wasserhaushalt, sowie auch für die Gewebespannung. **Magnesium** regelt die Funktionen von Enzymen, Muskeln und Nerven. Auch wird es für den Energiestoffwechsel und für den Knochenaufbau benötigt. Vitamine und Ballaststoffe kann der menschliche Organismus nicht selber herstellen, weshalb sie unbedingt über die Nahrung aufgenommen werden müssen.

Sicherlich gibt es diese Vitamine und Mineralstoffe auch als beliebte Nahrungsergänzungsmittel, aber seien wir doch mal bitte ehrlich: warum sollte man überhaupt auf künstliche Ersatzstoffe in Form von Pillen oder Kapseln ausweichen, wenn uns die Natur in dieser Hinsicht doch wirklich alles bieten kann? Es liegt also an jedem von uns selbst, wie gesund wir uns wirklich ernähren möchten, denn anhand dieser kurzen Auflistung wird deutlich ersichtlich, dass wir mit einem erhöhten Gemüsekonsum sehr viel zu unserer angeschlagenen Gesundheit beitragen können.

Ansonsten spielen auch die Ballaststoffe eine wichtige Rolle für unsere Gesundheit. Sie kommen vorwiegend in pflanzlichen Nahrungsmitteln vor. Bei Ballaststoffen handelt es sich in der Regel um Pflanzenfasern, die nur schlecht oder überhaupt nicht verdaut werden können. Dies ist auch der Grund, warum Leinsamen als Beispiel, unverdaut wieder ausgeschieden werden. Allerdings haben sie einen guten und lang anhaltenden Effekt in Hinsicht auf die Sättigung. Sie regen den Darm an und unterstützen deshalb die Verdauung. Viele Ballaststoffe im Essen beugen Hämorrhoiden oder Verstopfung vor und wirken sich übrigens auch positiv auf die Blutzuckerwerte aus. Auch Fettstoffwechselstörungen können durch eine erhöhte Einnahme von Ballaststoffen behandelt werden. Die Deutsche Gesellschaft für Ernährung empfiehlt deshalb eine tägliche Menge von rund 30 Gramm Ballaststoffen. Sehr ballaststoffreich sind übrigens Kartoffeln, grüner Paprika, Möhren, Blumenkohl und auch der Rotkohl. Ansonsten findet man Ballaststoffe auch in Äpfeln, Birnen, Beeren, Bananen und in Orangen.

1) Schlusswort

Wenn Sie sich bis zum Schluss alle Informationen durchgelesen haben, dann sind Sie bereits auf dem besten Weg, mehr als deutlich zu einem gesünderen Leben beizutragen. Es geht hier nicht rein um die Vorteile von einem Spiralschneider, sondern um eine gesunde Ernährung, die viel Gemüse beinhaltet. Es ist durchaus verständlich, dass man Kinder und gestresste Ehemänner nicht von heute auf morgen von mehr Gemüse auf dem Teller leicht überzeugen kann. Allerdings haben Sie mit einem guten Spiralschneider dazu die beste Basis. Es ist kein Geheimnis, dass Liebe durch den Magen geht und dass auch die Augen beim Essen eine wichtige Rolle spielen. Nicht umsonst wird in Restaurants oder in Hotels viel häufiger Gemüse gegessen, als in den eigenen vier Wänden. Daraus wird ersichtlich, dass auch die Optik und die Dekoration einen Einfluss auf den Gemüsekonsum haben. Ihre Kinder werden von den Gemüsegerichten sicherlich begeistert sein, denn es ist doch wirklich ein großer Unterschied, ob man jetzt bunte Gemüsenudeln und Spiralen auf dem Teller hat, als die üblichen kleingeschnittenen Varianten, oder nicht?

Wenn Sie zum ersten Mal Ihren Spiralschneider ausprobieren, dann brauchen Sie natürlich auch nicht speziell ankündigen, dass es sich bei den servierten Spaghetti um Gemüse handelt. Sie werden deshalb über die Reaktion der Familienmitglieder überrascht sein. Für viele typische Fleischesser wird das Wort Gemüse mit Langeweile, mit blassen und kranken Menschen, sowie auch mit Vegetarier oder Veganern in Verbindung gestellt, was natürlich überhaupt nicht zutreffend ist. Die meisten Veganer oder Vegetarier leben sogar viel gesünder als alle anderen, da sie nicht von den typischen Zivilisationskrankheiten betroffen sind, an der unsere stark industrialisierte Ernährung eine große Schuld hat. Auch wenn man noch lange kein Ernährungsexperte ist, sollte eigentlich klar sein, dass stark verarbeitete Nahrung einfach nicht gesund sein kann. Nicht umsonst werden zur Therapie von vielen Krankheiten bestimmte Diäten verordnet, die absolut keine fertigen Produkte beinhalten, sondern eher auf natürlichen Lebensmitteln basiert ist.

Auch wenn Sie nicht auf Fleisch oder Kohlenhydrate verzichten möchten, sorgen Sie mit einem Spiralschneider für eine gute Versorgung mit essentiellen Nährstoffen. Je mehr Gemüse und Obst Sie essen, desto deutlicher werden Sie auch merken, wie Ihnen beispielsweise der Zucker im Essen langsam zu schaffen macht, das Brot, wenn Sie zu viel Weißbrot verzehren oder sich auch die Instandsuppen und Soßen durch häufiges Aufstoßen bemerkbar machen. Von häufigen Magen- und Darmproblemen einmal komplett abgesehen. Probieren Sie es doch einfach einmal aus, denn es erwartet wirklich niemand, dass Sie sich von heute auf morgen „gesund" nur noch mit Obst und Gemüse ernähren, was natürlich auch nicht gerade empfehlenswert ist. Es geht einfach darum, dass man viel bewusster essen sollte und sich über die Auswahl der Lebensmittel beim Einkauf etwas mehr Gedanken macht.

Mit dem Spiralschneider haben Sie deshalb wirklich die beste Gelegenheit, jetzt öfters ganz leckere Gemüsenudeln für die Suppen herzustellen, Ihre Familie für alle Arten von Zoodles zu begeistern und auch mit dem Obst kreative und einzigartige Köstlichkeiten auszuprobieren. Es muss sicherlich nicht noch extra erwähnt werden, dass Sie dann bei der nächsten Familienfeier durch den Einsatz von Ihrem neuen Spiralschneider auch noch ein wundervolles Buffet anrichten können, oder? Die Anschaffung von einem Spiralschneider lohnt sich also auf jeden Fall, denn wer kann schon einem wunderschön angerichtetem Salatteller widerstehen? Der praktische Helfer für Ihre Küche wird Ihnen sicherlich den richtigen Weg zeigen, wie Sie auch Ihre Familie für mehr Gemüse begeistern können.

37234126R00040

Printed in Poland
by Amazon Fulfillment
Poland Sp. z o.o., Wrocław